念仏の僧伽《サンガ》を求めて

近代における真宗大谷派の教団と教学の歩み

新装版

寺川俊昭

法藏館

清沢満之師肖像画（中村不折筆・大谷大学蔵）

金子大榮師

曽我量深師

訓覇信雄師

安田理深師

はしがき

この本は、真宗大谷派の同朋会運動の中核となっておられる全国の推進員の方々が、昭和四十八年に名古屋別院に、そして翌四十九年に本山の同朋会館に自主的に集まって、研修会をお持ちになった折の講話の記録である（名古屋別院の記録は本書序講〜三講、同朋会館は第四・五講）。

当時大谷派教団は混迷のさ中にあったが、その状況の中でしかもそれぞれに大谷派に深い因縁を改めて感じ、それ故にまた大きな責任感を感じられた推進員の方々が、自分たちの身を置く大谷派教団の近代の歴史を学びたい、また自分たちが積極的意味を感じて参加した同朋会運動の、歴史的源流を学びたい、そのことによって、混迷する教団が健全な方向へ歩んでいくための資糧ともしたい、このような希望をお持ちになった。この講話は、その要請にお応えして、明治維新以来の大谷派の教団と教学との歴史について、ささやかな私見を述べたものである。

もとより私は、真宗学を専攻する者であって、歴史についてはまったくの素人である。ただ、私は真宗を学んでいくについて、幸いにも大きな教恩をいただいた数多くの師友に恵まれた。その先輩方の求道の歴史を尋ねることは、私の真宗の学びの大切な内容でもある。この関心からして、大谷派近代の教学と教団の歴史は、私にとって是非とも学んでいきたい主題であった。それで、現在真宗史について数多くの研究書があるのを幸いに、それらに学びながら私なりに主題の展開を尋ね、素描を画いてみた。もとより素人の私見であるから、その適否は大方のご叱責にまつほかはない。

この講話は全国の推進員の方々と私との、同じ課題のもとでの共同学習として、私には非常に有難くまた嬉しいものであった。それから三年経った今、私は和田稠《しげし》師が『信の回復』（東本願寺）の中で提起なさった問題を改めて思う。就中、いわゆる国家神道による日本民族の宗教心の荒廃の指摘である。その視点からすれば、同朋会運動は単に大谷派教団の本来性回復の歴史的努力にとどまらず、さらに日本民族の宗教心の純潔さを回復するという、大きな課題を背負うものではあるまいか。ともあれ、これらの課題をめぐって、幅広い共同学習の大切さを、しきりに思うことである。

先の講話は、石黒茂信氏の大変なご尽力によって、『念仏の僧伽を求めて』正・続二篇として出版されたのであるが、今回改めて石黒氏の強い願い、及び亀井鑛氏のご尽力と法藏館主西村七兵衛氏のご好意によって、合冊して刊行されることとなった。関係各位のご尽力に対して、私は心からの感謝とお礼とを申し上げたい。

昭和五十一年三月三十一日

寺川俊昭

念仏の僧伽を求めて　近代における真宗大谷派の教団と教学の歩み＊目次

第二講　近代における教団の歩み……38

第五講　本願寺教団の歩み……165

念仏の僧伽を求めて

近代における真宗大谷派の教団と教学の歩み

装丁　井上二三夫

序講　問題の提起

一　はじめに

同朋会の推進員の皆様方が、このたびまったく自主的に研修会をお開きになりまして、先ほど名簿を頂いて拝見しますと、地元名古屋はいうまでもなく、東京からも、大阪からも、甲府からもあるいは長野からもお集まりになっているのですね。この姿に接しまして、正直な感情を申しますと、私は大変深い感銘を覚えていることであります。嬉しいといっては誠に失礼ですけれども、正直にいってそのような気持を抑えることができません。私たちの教団が、同朋の教団という願いを掲げてともかくも努力をして来たのですが、その同朋の教団ということが、具体的にこういう形をとってここに現われている。そういうことを感じて感銘を覚えると共に、この研修会を開くについてお世話なさった方々のご苦労、わざわざここにご出席なさった方々のご熱意に対して、深い敬意を表することであります。

この研修会のテーマとして頂いた題目は、ご案内のように「大谷派近代教学史・教団史」というもので、今までの研修会にはあまりなかったような、かなり固い、専門家的な題目であります。この、一見いかめしい題目が出されたところには、非常に大切な問題がはらまれていると思います。このテーマに従って、具体的に私たちの教団の歩み、あるいは教学の展開を尋《たず》ねて行くに先立って、この題目の中にどういう問題があるのだろうかという問題の提起を、最初に二、三の視点からしておきたいと思います。

二　問題の提起

1　教学史の意味

まず、「近代の教学史」について簡単に申しますと、日本で近代というのはだいたい明治維新以後でしょうが、明治になってから真宗の教えがどのように学ばれ、了解されて来たのだろうか、こういう課題であるということができます。こういいますと、真宗の教えというものは、何時の時代にも変わらないはずだ、こういう見方が当然出てまいります。なるほど『歎異抄』によると、浄土真宗とはどういう教えであるかについて、非常に簡単明瞭に、「本願を信じ、念仏を申さば、仏になる」、これが浄土真宗であると語られています。その通りですね。実に見事な言葉だと思います。ところが、本願を信ずるとはどういうことなのか、念仏を申さば仏になるとはどういうことなのか、これは分かりきったことだというわけにはいきません。唯円がこの『歎異抄』を書いた鎌倉時代の了解と、江戸時代の私たちの先輩の人びとの了解と、あるいは明治以後の今日の私たちの了解とは、微妙に違っているかも知れません。「本願を信じ、念仏を申さば仏になる」という真宗の教えを、明治になってからどのように新しく了解し直して、親鸞聖人の教え、本願の教えというものを自分に頂いて来られたのかということは、非常に大切な、私たちが十分に学んで行かなければならない事柄になります。

一例を挙げて考えてみますと、私たちは『改悔文《がいけもん》』を伝承していますね。蓮如上人が手本として示されたという、真宗の安心を表白する言葉です。

「もろもろの雑行・雑修、自力のこころをふりすてて、一心に『阿弥陀如来、われらが今度の一大事の後生御《ごしょうおん》たすけそうらえ』とたのみもうしてそうろう。……」

この『改悔文』が聞法の場で必ず表白されていたのですが、これによって尋ねてみますならば、室町時代あるいは江戸時代の祖先たちは、「本願を信じ、念仏を申さば仏になる」という真宗の教えを聞きながら、「われらが今度の一大事の後生御たすけそうらえ」という深い宗教的要求、いわゆる祈りをそこに託していた。私の今度のこの命、この世の生涯を終って後、どうか阿弥陀様の極楽浄土に生まれたい、この自分を極楽浄土に生まれさせて頂きたいという往生極楽の願いの満たされる道として、われわれは今生において阿弥陀様を信じて念仏の日暮らしをする。こういうふうに、中世・近世の念仏者は、真宗の教えを頂いておられたのであろうと思います。

ところが近代やことに現代の時代に生きている私たちは、往生の願いを中心としたこういう真宗の了解よりも、むしろやはり第一の問題は、「自己とは何か」、「この人生を如何に生きて行くべきか」、こういう問いをもって本願の教えに聞いて行こうとします。やはり時代と共に、そういう違いが出ておりますね。だから、教えとしては真宗の教えは時代をこえて不変のものとしてはっきりと語られているけれども、それを私を生かす力の源泉としてどのように頂き、了解するか、そのためにはその時代々々で、大変な努力があったのだ。それを近代について学んで行こう。近代教学史とはこういう課題であると、私は理解しているのであります。

2　教団史の意味

近代教団史についても、私たちの教団が明治になってからどのような歩みをして来たのか、そして現在に至っているのかということについて、少なくともこれだけは知っておきたいということがあります。たとえばごく具体的に、同朋会運動というような課題をもった時に、何故こういう運動を今、事改めてやらなくてはならないのか。いったいこの運動は突然始まったものなのか。それともやはり私たちの宗門が、どうしてもこういう問題に取り組まなければならない運命をもっていたのか。こんなことが、同朋会運動をよりよく推進展開して行こうとするならば、どうしても必要な知識になって来ると思います。そういう視点に立つ時、宗門の歩みというものもまた、大いに学んで行くべき事柄となって来るでしょう。

さて、この勉強の会のテーマとして、このような近代教学史、近代教団史が取り上げられたところには、かなり複雑な錯綜した事情と感情が動いていると思います。それは、私たちの大谷派にはどう否定しようもない事実として、いろんな意味での混乱が起こっております。現在の日本仏教の数多くの教団の中で、一番深刻な混乱の中に、私たちの教団は投げ出されております。このことを正直に凝視する必要がある。もっと正確にいえば、混乱というよりも一つの危機の中に投げ出されているということを、正直に見るということが、非常に大切でありましょう。

危機というのは、ただ、教団が混乱しているというだけでなくて、さまざまな混乱の中で私たちの真宗が、人間の救いを実現するという最も大切な使命を、十分に果たすことができない。つまりいろいろな混乱のために、私たちの真宗が宗教としてこの世にある意義を果たして行くことが、何か大きく妨げられている、そのような状態をいうのです。このことを、私は非常に大切な意味をもった反省として、注意をしておきたいのです。もしこういう危機感というものがなかったならば、私たちはこのような研修会を開いて、こういう主題などを問う必要はないのでしょう。

三　宗門の動向への疑問

数年前（昭和四十五年）に開申《かいしん》という事件がありまして、それ以来何か宗門の行き方が少し方向を変えて来た。これは実感として感じられる通りです。そして今、宗門に顕著になっている方向は、かつて十年前に宗祖の七百回忌のご遠忌を勤めた前後に盛り上がって、同朋会運動の名のもとに、教団の本来性を求めての自己革新に取り組もうとしたあの姿勢とは、大分変わって来た。

どのように変わって来たかと申しますと、第一に気づくことは、小さいところでは自分の寺を、宗門全体としては宗門を、どううまく経営して行くか、こういう経営的関心ですね。もちろん一般の社会でも経営ということは大変な問題でありましょうから、宗門もどう経営するかということは大切な問題に違いありませんけれども、人間の救いの道をどうして開くのかというまさに宗教の問いを自分の課題として、それに誠実に取り組む以上に、宗門をどううまく経営するかという、いわゆる経営的関心が、教団全体に強くなって来たのではないかということです。

第二には、教学の面で申しますと、多少当たり障りがあるかも知れませんが、正直にいいますと、これまでの同朋会運動を教学的に支えて来たものは、どういってみても、清沢満之先生や曽我量深先生に感化を受けた方々であったことは、否定できないと思います。この清沢満之という人の名が表わすような真宗の理解をしりぞけて、伝統的な宗学、穏やかな、間違いがないけれども穏やかな真宗の理解の方に帰って行こうとする傾向が、次第に顕著になって来たことを、感じざるを得ないという事実です。その外にも、教団が何か権威主義的なものを強く出そうとしていることもありますが、この二つが私たちの教団に、問題的なものとして次第に強く浮かび上がっていることを、反省もし、注意もせざるを得ないのであります。

現代の文化、あるいは文明というものは、少なくとも十年前頃まで皆が感じ期待していたほど、人間に幸福をもたらすものではないということが、だんだん強く感じられて来ていますね。公害一つを取ってみても、社会の仕組みをとってみても、あるいはその中で育てられた人間の姿勢を取り上げてみても、現代の文化というものが何か人間を幸福にし、平和にするというよりも、どこかで人間を荒廃させて行く、そういう性格を本質的にもっていることを認めざるを得ません。

この、どこかで人間の心を荒廃させて行き、人間の関係を傷つけ、露骨に自我を主張して人間関係を鋭く対立させて行くような、そういう現代の文明というものは、非常に大きな特徴をもっております。その一つは、宗教というものをほとんど問題にしない、こういう性格なのです。神なき文化、宗教なき文化、宗教に対してよそよそしく批判するような性格を強くもっております。日本でも、この傾向は殊に顕著ですね。自分は何の信仰もない、何の宗教ももたない、こういう言葉がいわゆる文化人の口から平気で出ます。ここに出て来るような宗教に対して批判的であり、まったく関心をもたない。そういう性格を強くもっているのが、現代文化の主流でしょう。こういう文化の挑戦を、全部の宗教が受けているのです。もちろん私たちの真宗も例外ではありません。

そういう状況の中で、しかしながら、私たちの信奉する本願の教えこそが、人間に本当の救いをもたらす正しい道である、これが私たちの確信ですね。本願の教えこそが、人間にとって真理である。本願の教えがなかったならば、われわれはこの荒廃した現代の社会に、どこにも救いを見出すことはできない。本願の教えによってのみ、豊かな人間性は確立されるのだということを、真宗はあらゆる力を尽くして現代の社会の中で明らかにし、語って行かなければならないですね。

もし真宗が、真宗の寺が、現在大多数がそうであるように亡くなった人びとの葬式と法事だけに終らずに、もっと積極的に、親鸞聖人の教えてくださった本願の念仏こそ、人間にとって真理である、その教えがあることによってのみ、われわれは人間として生まれた尊い意義に目覚めることができるのであり、このことは、私一人にとってだけでなく、およそ人間にとって真理である。このことを確信するならば、このことを世の人びとに語り伝えて行かなければならない。それが教団が世にある意味ですね。

真宗の教団も、亡くなった祖先たちの葬式をし法事を勤め、それにはもちろん大切な意義がありますが、それだけではなくて、今いったような、本願の教えこそ人間にとって真理であることを、世の中の灯とし、宝として示し語って行く、そこに真宗の教団がこの世にある意味があるのであります。それを止めたならば、私たちの真宗教団は、生命を失ったと同じです。そういう課題をもった時に、江戸時代に完成して、以来ずっと伝承されて来た伝統的な宗学は、はたして十分に真宗の真理であることを、現代の社会に開顕することができるであろうか、こういう問題が感じられて来るのです。

四　インドの仏蹟を巡拝して

実は先月、インドの仏蹟の参拝旅行をしたのですが、その旅行中にこんな経験がありました。仏蹟を参拝しておりますと、いろんな国の人と一緒になります。たまたまアメリカのフルブライト財団のインド現地研修の団体と、航空会社に勤めているドイツの娘さんと話す機会があったのですが、その会話の中で仏教が話題となりました。われわれは仏蹟を巡拝しているのだと申しますと、ではあなた方は仏教徒か、禅の仏教徒かと聞くのですね。ご存知のように、禅で仏教を世界に紹介した方は鈴木大拙先生ですね。鈴木先生のお仕事の大きさを、改めてつくづく感じました。この名もないドイツのスチュワーデスの娘さんが、仏教といえば禅仏教で、禅の仏教を西欧に紹介してくれた人は大拙師だということを知っているのです。

その時ちょっと恥ずかしい思いをしたのですが、二十歳くらいのドイツの娘さんが、それが東洋の代表的な宗教として仏教があることを知っている。そして仏教とは瞑想《めいそう》によって自己の精神を厳しく鍛え、それを通して覚《さと》り、つまり涅槃《ねはん》に到達することを求める宗教であるということを、一応知っているのです。その仏教について、私たちはいったいどういう宗教なのであるか、非常に興味がある、もっとよく知りたいというのです。ところが、自分たちの会社であるルフト・ハンザにも、日本人の娘さんが勤めているのだが、彼女たちに聞いても仏教の「ぶ」の字も知らない。これはいったいどういうことですかと聞かれたものです。それに対しては彼女たちはまだ若くて仏教を勉強する機会がないんだが、もう少し上の年輩のまじめな日本人は、仏教についてよく知っているのだと、こういう弁解をしなければならなかったですね。

ところで、あなた方も禅の仏教徒か、いやわれわれは真仏教徒である。禅でなくて、真の仏教徒である。真理の認識と、真理によって生きることを根本精神とする仏教徒である。その時一緒にいた人が、勇ましくも、われわれの仏教は禅つまり瞑想と訓練の仏教ではなくて、念仏つまり仏の名を呼ぶ仏教である、こういったのですが、ではその念仏とは何ですか、こういう問いがすぐ出ますね。こんな次第で、多少宗教としての仏教に関心のある外国の生活人が、仏教とは何かと好意ある関心をもって聞いた時に、われわれの信奉している仏教は、こういう立場と内容とをもつ仏教であるということを、正確に語らなければならないですね。

単に偶然に出会ったドイツの娘さんだけでなく、昨年の暮れに、ストックホルムの大学の学生が突然手紙をくれまして、親鸞について勉強したいからよろしく頼むというのです。機会を得て会って話をしてみますと、自分は牧師の子であるが、キリスト教の教えはどうしても信ずることができない。しかし大拙師の本を通して垣間見た親鸞の教えは、自分の宗教的要求を本当に満たしてくれるものがあると直感した。それで自分は卒業論文に親鸞について書くために、こうして日本に来たのだというのですね。

こういう非常にまじめなそして熱心な学徒に接した時、われわれは親鸞聖人の仏教つまり本願の仏教は、どういう立場の仏教で、何を獲得し実現しようとする仏教であるのかということを、正確に理解しかつ語らなければなりません。それだけでなく、浄土真宗の本願の仏教こそが、人間にとって真理であることを、ただ単に日本人だけでなく、もっと広い国際的な視野の中で、アジアの国々、あるいはまったく違った文化の伝統の中にあるヨーロッパ世界に生活している人びとに、語らなければならないのです。そういう課題が、もうわれわれのところに来ているのですね。

こういう課題は日本にいても考えれば分かるはずですが、今度インドへ行ってみて、肌でよく分かりました。日本という枠の中だけで、仏教を考えるのは不十分なのだ。そもそも本願は十方衆生という言葉で、まさに救われるべきものを表わしていますが、一切の生命あるもの、それは現代の言葉でいい換えれば、人類といってもよいでしょう。そういう広いところに立って仏教が問いかけ明らかにして来た、人間の最も根本的な問いを問うて行かなければならない。こういう課題を今更のように感じた時、われわれの伝統的宗学は、一つのすぐれた立派な学問であるけれども、やはり鎖国社会で形成された学問という、本質的な限定ないしは狭さをもっているのだということを、反省せずにはおれなかったのです。

その時、改めてくっきりと浮かび上がって来ますのが、清沢満之という人なのです。私たちの真宗の伝統の中に、幸いにもこういう人が出たことは、何にもまして有難いことです。この清沢満之という人は、ご存知のように、日本が明治になって初めて本格的にヨーロッパの文化に触れたあの時代に、文明開化のあの時代のただ中で、「この時代に、もはやわれわれは日本という狭い場所だけで、人間の運命とか人間の救いを考えることはできない。われわれが受け継いで来た東洋の文化と、新しく遭遇したヨーロッパの文化と、この世界を代表する二つの文化の出会いの中で、世界的な視野の上に立って、われわれは本願の仏教が人間にとって真理であるということを自信をもって自分にうなずき、世の人びとに証して行かなければならない」、こういう課題に取り組んで悪戦苦闘した人なのです。そういう先輩が、私たちの宗門の伝統の中にある。したがって先ほどから申しておりますような、宗教に対して大きな疑問・非難を出しております現代の文化のただ中で、浄土真宗の教えを自らに頂き、世に語ろうとするならば、清沢満之という人の努力は何よりも貴重な宝であるといわなければならない。宗門は何よりも、こういう先輩の努力は宝として受け継いで行くべきものに違いありません。

ところが何か現在の教団に、そういう開拓的努力を敬遠して、もっと伝統的な宗学に帰ろうとするような、非常に消極的な姿勢があります。もちろんたとえば清沢満之先生の仕事に対しては、いくら批判があってもよいのですが、そういう批判が反動にならなければ幸いですし、私はこういう姿勢に対して、それでいいんだろうかという、大きな疑問を感ずるのです。

第一講　近代の教学の展開

一　近代の教学の展開

1　『歎異抄』の発見——清沢満之師

　このことをもう少し尋ねてみますならば、明治になってから、真宗の教えについて本当に自分の信念として、真宗の教えを近代のヨーロッパの文化、つまり私たちがその中で育って来ましたところのヨーロッパの文化の中で問い直した人、そして、そういう問い直しの中から、本願の仏教の真実であることを確信をもって語ってくださった大きなお仕事が、ざっと挙げてみて三つほどあると考えられます。

　第一は、清沢満之先生のお仕事でありまして、それは一言でいえば『歎異抄』を改めて発見したということなのです。ご存知のように現在では『歎異抄』は非常によく読まれておりまして、テキストとして出版されている部数だけで、おそらくは百万部をこえていると考えられますし、さらに高等学校の倫理社会や日本史の教科書にも出ておりまして、日本の仏教を代表する宗教書となっています。『歎異抄』は現在では真宗の聖典というだけではなくして、日本民族の代表的宗教書というほどの位置と評価とをもって来ています。そして非常に多くの人びとに読まれ、これを通して親鸞聖人のご信心に触れることのできる道となっております。

ところが、『歎異抄』がこのように読まれるようになったのは、実は清沢満之以後なのです。このことについては多少の事情がありまして、後で皆さん『歎異抄』の一番終りをご覧になりますと、蓮如上人の奥書がついております。「右この聖教は、当流大事の聖教たるなり。無宿善の機においては、左右なくこれを許すべからざるものなり」こう書いてあります。さらにたとえば第三章は悪人正因、悪人こそ往生の正因であるという、有名な言葉が語られていますね。その悪人というのは、わが身の罪の深いことを本当に知った者という意味ですけれども、江戸時代の有名な学僧が、悪人というのは悪いことをした人間と読み誤まられる恐れがあり、だから悪人こそ救いの目当てだというのは、子どもに剃刀《かみそり》を持たせたようで非常に危険であるから、注意して読まなければならないと、こういう老婆心からの注意もありまして、先の蓮如上人の奥書と一緒になって、今考えるとちょっと異様なことですけれども、親鸞聖人の言葉を最も生き生きと伝えている本であるにもかかわらず、以後ずっと一般に読まれることのなかった本だったのです。

明治三十年頃に、清沢満之がこの本を取り上げるまでは、真宗にとっては一種の禁書でありました。読まない方がいい。住職たちもそうですが、門徒に対する一般のお説教の場では、『歎異抄』をみだりに使ってはならない。いわば「遠慮せい」という烙印の押してあった本なのです。

そういう状態の中から、清沢先生は大胆に『歎異抄』を取り上げて、これによってわれわれは親鸞聖人に直参できる、生きた親鸞聖人の言葉に触れる思いがするといって、読んで行ったのです。明治二十年代から三十年代のことですから、今から七、八十年ほど前のことですね。その頃は、親鸞という名前は、現在の私たちが感ずるような高い評価、あるいは尊敬を受ける名前ではなかったのでして、はるかに低い評価の中にあったのです。

金子大榮先生のお話で聞いたことですが、現在真宗が衰えたといわれるけれども、自分の感じとしてはむしろ逆で、自分の少年時代と較べて現在の方がはるかに真宗が盛んになったように思う、こういうふうにいっておられました。それを聞いて私はなるほどと思ったのですが、たとえば明治時代、真宗のある有名な学僧の方が、東京大学で仏教の講義をなさったことがありました。その時に、講義の中で親鸞の名前や念仏の教えを語らなければなりませんでしょう。それまで大きな声で、法然上人や道元禅師について、あるいは華厳や天台の教義について、堂々と大きな声で語って来られたのですけれども、その先生が、親鸞聖人の名前と親鸞聖人の教えについて話される時になると、急に声が小さくなって、何をいっておられるのかさっぱり聞こえなくなった、こういうエピソードが伝えられています。つまり、大学の教室で親鸞とか念仏の教えを語る時には、何か恥ずかしい思いをしなければならなかった。それほど低い評価しかなかった時代が、清沢先生の時代だったのですね。

そういう中にありまして、清沢先生は『歎異抄』を取り上げて、親鸞聖人を堂々と語って行ったのです。ちょっと妙な感じがしますけれども、この時代の雰囲気からしますと、親鸞聖人の評価よりも、清沢先生の評価の方が高かったようです。清沢ほどの人が尊敬するのだから、親鸞はよほど偉い人だろう、こういう感じですね。そういう時代が、つい七、八十年前まではあったのだということも、知っておいてよいでしょう。したがって、清沢先生が『歎異抄』を取り上げた、いわば埃《ほこり》を払って取り上げたということは、親鸞聖人を改めて世に輝かす、真宗に親鸞あり、といいますか、仏教に親鸞ありと、こういうような親鸞聖人の発掘といいますか、親鸞復興といいますか、ともかくそういう意義をもつこととなったのです。ことにわれわれ大谷派にとっては、真宗とは親鸞聖人の仏教だ、こういうことが大きく自覚的に語られて来る、その大きな流れの端緒であります。

ついでにもう一つ、つけ加えて知っておきたいことは、清沢先生の『歎異抄』発掘を受けてこれをより広い範囲の人びとに語り告げるという仕事を果たし遂げた人が、近角常観《ちかずみじょうかん》師です。近角師は、『歎異抄』を学生を中心とした当時の知識人に普及させるという点では、非常に大きな仕事をなさった方ですね。それからもう一人、親鸞聖人の名を、国民の非常に多くの層に親しませた人が、あの倉田百三《くらたひやくぞう》氏です。倉田さんは大正七年に、『出家とその弟子』を発表しましたが、この戯曲が、昔『キング』という雑誌がありましたが、ああいう雑誌に親しんでいた知識層に大変よく読まれまして、ずいぶん多くの人びとが、この『出家とその弟子』によって、まことに人間味に溢《あふ》れた、いわば悩める人親鸞に触れて行ったのです。親鸞聖人に対する現代の日本人の尊敬と理解とを思います時に、この三人の方の名前は、忘れることのできない大きな仕事をしてくださった名前です。

清沢先生に次いで、第二に、絶対忘れることのできない仕事をなさった方として、曾我量深先生を挙げなければなりません。そして第三は、金子大榮先生です。

2　法蔵精神の開顕——曾我量深師

曾我先生のお仕事は、非常に広い範囲にわたりますけれども、一番中心になるものは、法蔵菩薩《ほうぞうぼさつ》とはどういう方か、このことを徹底的に問うて行かれたということであると、私は了解していま す。こういう問いを徹底的に問うということは、おそらくは親鸞聖人以来初めてのことではないでしょうか。親鸞聖人が法蔵菩薩を尋ねられてから、実に六百年目に本願の信心の根本問題として、まさにその法蔵菩薩を問われたのであります。

これは、ご存知のように『大無量寿経』によりますと、阿弥陀如来はもと法蔵菩薩であったと説かれてあります。法蔵菩薩という問いは、簡単に申しますと、私たちは如来によって救われると説かれるけれども、その阿弥陀如来とはどんな方なのか、こういう問題ですね。阿弥陀様にたすけられるとは、いったいどういうことなのか、これを根本から問うて行かれた。少なくとも曾我先生の了解によれば、阿弥陀様というのは西方極楽世界という遠くの世界にいて、私たちを来いよ来いよと喚《よ》んで招いてくださる。そして抱いてかかえてお浄土に連れて行ってくださる。そんなことが阿弥陀如来の救済ではない。われわれは信仰とか救いとか仏様とか、そういうことにそっぽを向いてしまい、あるいは反逆さえするようなものを、心の底にもっているのでありますが、阿弥陀如来は、そのような私たちの魂《たましい》の中に身を捨てて、いわば私たちの内からわれわれの心を開いて喚び覚まし、広大無辺な光の世界に目覚ましてくださる、そういう仏様なのである。

如来は私と無関係に遠くにおられるのではなくて、本当に私となって、私を私の内から私の暗い心を破り砕いて、真に広大無辺な光である如来・浄土を知らしてくださるのである。こういうのが曾我先生のご了解であり、それを先生は、阿弥陀如来の因位である法蔵菩薩の問題として、明らかにされたのであります。だいたいこういうことを、曾我先生が初めて宗祖の本当の思召《おぼしめし》として語ってくださったのであります。

3　浄土の新しい了解——金子大榮師

それに対して金子大榮先生は、私たちの仏教は浄土の真宗であり、念仏は往生浄土の道でありますから、浄土ということを離れては、私たちの信仰も救いもないのですけれども、浄土とはいったいどういう世界か。これは一つの問題であります。だいたいはお経に書いてあります通り、西方十万億の仏土をこえた彼方に仏様の国土が、ちょうどここにこの私たち人間の世界があるように存在する。こういうふうにいうのが、昔からの理解でありましょう。これに対して金子先生は、それはどうも納得できない。浄土は観念の世界だというべきである、こういうふうにおっしゃった。

ところがこの「浄土の観念」という言葉が誤解を受けやすかったために、浄土の観念とおっしゃった金子先生のご了解は、ご存知のように異安心だという烙印を押されてしまいました。そして昭和三年から昭和十六、七年頃まで十数年間、先生は教団から追放されるという処置をされてしまわれますね。考えてみますと、私たちの宗門の悪い欠点として、冷たい気風があるようでして、どう考えても親鸞聖人の本当のご精神を私たちに分かるように語り明かしてくださったとしかいいようのない金子先生という方が、十年以上も教団から追放されて、そのために先生は仏教を語る席に出られても、衣も袈裟もつけることができなかった。それで羽織袴で仏教の講話をなさったと、聞いております。そういう処置をしながら、しかも戦争中に追放を解除して、宗門に再び先生を迎え入れた時にも宗門は、「済まなかった」という一言のお詫びも言っていないのですね。こういう冷たさは、私たちの大谷派の悪い気風として、大いに反省しなければならないと思います。

ところで金子先生が、「浄土の観念」とおっしゃったのは、浄土というのは、信心を離れても、西の彼方に「土《つち》」があるのではないのであって、本願を信ずる心に開かれる世界である。宗教的自覚が見出した世界である。こういう意味でありましょう。本願を信ずる心において実在する世界だから、本願を信ずる心がない場合には、浄土はどこにもないのだ。しかし、一度び本願を信ずる心を頂くならば、正しくわれわれの帰るべき故郷として、如来の浄土がわれわれに与えられるのである。だいたいそういうようなご了解かと思います。

だから、よく浄土について耳にする批判ですが、西の方へロケットで飛んで行っても極楽へ着かないとか、極楽へ行って来た者は誰もいない。極楽なんてものは迷信だ。そういう通俗的批判は、少なくとも金子先生以後ではまったく通用しない。まったく滑稽な誤解ですね。

とにかく、そういうような先輩方の血のにじむようなご苦労によって、「真宗を、本願の教えをどのように新しく了解して行くのか」、「なるほど親鸞聖人の仏教は、私たちにとって真理だ」ということを、本当に知らせて頂くことができるのであります。こういう方々の深い恩徳というものを、私たちは決して忘れてはなりませんし、先ほど申しましたように、現代のこの困難な時代に浄土真宗をわが身に頂き、かつ世に明らかにしようとする願いをもつならば、これらの努力は非常に大切な宝だということを、私たちは忘れてはならないと肝に銘じて思うのであります。

二　『歎異抄』のいのち

さて、初めに一言触れましたように、真宗は現在大きな危機の中にある、こういわざるを得ない状況があります。真宗の危機ということは、現代のこの人間の危機のさ中にあって生きた宗教として本当に人間に救済の灯を掲げることができるか、それとも、一つの文化遺産として、かつてここに宗教があったという遺蹟になってしまうか、つまり真宗が生きた宗教であり得るのか、それとももう死んだのかの瀬戸際に立っている、そういう事態を感ぜざるを得ないのです。

たとえば、今日こちらに来ます時に、京都のバスの中にポスターがはってありました。それには「弘法・親鸞の跡を訪ねて」とかいう文字がありましたが、弘法大師と親鸞聖人ゆかりの史蹟を訪ねる旅なのでしょう。東寺と東西両本願寺、その他若干の場所を訪ねて、最後に枳《き》殻《こく》邸《てい》で終るのですけれども、本願寺が観光ルートにのっているのですね。こういう広告を見ますと、われわれの本廟である本願寺も観光寺院になるのではなかろうかと、淋しい気持になるのですが、一つの非常に象徴的な出来事のように思いました。

しかし、考えてみますと、自分が生きている事態の中に危機といったものを感ずる、つまり生きるか死ぬるかというような、大きな問いをもって生きる、ということはかえって健康な心でありましょう。仏教の歴史を振り返ってみましても、現状に大きな危機を感じたからこそ、それを契機として転機として、新しい仏教の生命を取り戻すことができた。こういうことの連続ですね。

このことが一番よく分かりますのが、末法観です。末法の自覚が最初に大きな転機となったのは中国ですが、日本の場合をみましても、法然上人が念仏こそ往生の道だといわれて中世のみじめな生き方しかできなかったわれわれの祖先に、大きな勇気と安らぎとを与えられたのも、その教えを受けて親鸞聖人が、同じく本願の念仏こそ、凡夫であるわれわれがまさしく無上涅槃に帰ることのできる唯一の道であり、それ故に無碍道であると語ってくださったのも、末法すなわち仏教が滅んで行くという、深刻な危機感を踏まえてであった。そういう意味で、危機を感ずるのは健康なんです。危機を感ずる心があれば、現実の重さ、あるいは混乱を転機として、新しく本来の生命を取り戻す道がある。その時に私たちは法然上人や親鸞聖人という方々の仕事をかけがえのない道しるべとして仰ぐことができるのだ、このように思っております。

ところで、こういう危機感の中に立って、真宗の本来の生命を問い直そうとする見事な先例があります。それが『歎異抄』なのです。『歎異抄』が書かれたのは、宗祖が亡くなられて、約三十年経った頃であります。宗祖滅後約三十年と申しますと、覚如上人が京都の本廟を本願寺にしようとする努力をしておられる頃ですね。私たちのよく知っている親鸞聖人の最初の伝記である『本願寺聖人親鸞伝絵』、いわゆる『御伝鈔《ごでんしょう》』が書かれるのも、やはりほぼこの頃です。その頃に関東にあって、唯円が『歎異抄』を書いていたのです。当時、親鸞聖人のご教化によって生まれた同朋教団は、だいたい関東にあるのですが、その関東の同朋教団が、親鸞聖人が亡くなられてから三十年も経ちますと、大きな混乱に陥ります。宗祖が関東を去られてから、五十年も経ったのですから、ある意味では止むを得ない事態でしょう。その混乱とは、『歎異抄』の言葉でいいますと、

「上人のおおせにあらざる異義どもを、近来はおおくおおせられおうてそうろう。」

親鸞聖人が仰せられもしなかった、間違った仏教の了解が横行している。その中で、何を依り所にして生きるべきかに迷う。こういう事態が起こって来ているのです。そういう事態の中に、すなわち教団の混乱と念仏の教えを了解することの混乱の中に身を置いて、唯円はこの混乱に深い責任を感じて、ひとえに親鸞聖人の教えを受けながらも、この混乱した事態は、その宗祖の教えを、宗祖のご精神を、正しく伝えることができなかった自分の責任である。こういう深い責任を感じながら唯円大徳は、どうか先師口伝の真信に帰って頂きたい、宗祖が教えてくださったあの二種深信ですね、深くわが身の罪深いことを信知し、その身が本願に乗託して生きることを信知する、そういう本来の浄土真宗の純潔な自覚に帰ってほしい。こういうことを切々と祈り、その唯円の祈りの中から『歎異抄』は生まれたのであります。そういう意味で、『歎異抄』は文字通り信心の異なること《こと》を歎《なげ》く、こういう覚え書です。これは実に貴重な本でありまして、教団に混乱が起こったのは、実は信仰に問題があるからだ、これが唯円大徳の指摘ですね。

したがって教団の混乱を本当に正すことを祈るならば、信仰の純粋さに帰らなければならない。こういう非常に貴重にして鋭い批判の眼と、願いから生まれたのが、この『歎異抄』であります。自ら信仰を求め、信仰を明らかにすることと、教団に責任を感じて生きることが別でない。教団を外の問題として、傍観しない。内なる信心の乱れ、不純化が、外なる教団の混乱として起こって来

るのだ。いやしくも教団に起こることは、何一つ信仰と無関係なものはない。このように、信仰の立場と教団の問題とを一つのところで洞察し、わが身に受け止めて行く。これが『歎異抄』の姿勢です。その『歎異抄』が、真宗教団がこの世に歩みを始めた最初の頃に出ているということは、十分に重要視してよいと思うのです。そしてこの『歎異抄』の精神こそ、真宗の、ことに大谷派の伝統であります。

宗祖滅後三十年頃唯円が、やがて百五十年して蓮如上人が、そして六百年経つと清沢満之が出て来ております。この三人の名が表わすものは、一貫して歎異の精神の系譜でしょう。唯円も、蓮如上人も、満之も、自分が信仰を求め信仰に生きることと、教団に責任を感じ教団に悩む、そして教団を背負うて行くこととが一つであった。そういう貴重な精神の流れを表わす名です。ですから私は、大谷派という名が表わす伝統は、『歎異抄』の伝統、歎異の心を受け継いで来た伝統であるといってよいのではないかと思います。

『歎異抄』にはどこまでも、親鸞聖人のご信心を語られた言葉を、自分自身が生死をこえて行く道としてひたすらに聞いて行く、そういう非常に真面目な、そして激しい聞法の心が一貫して流れています。第二章をみてもすぐ分かるように、

「おのおの十余か国のさかいをこえて、身命をかえりみずして、たずねきたらしめたまう御《おん》こころざし、ひとえに往生極楽のみちをといきかんがためなり」

こういう言葉で始まりまして、

「親鸞におきては、ただ念仏して、弥陀にたすけられまいらすべしと、よきひとのおおせをか

ぶりて、信ずるほかに別の子細なきなり。」

こう語り続けられて行く。そういう親鸞聖人のお言葉を、ひたむきに聞いて行った唯円の燃えるような聞法の情熱、これがひしひしと感じられる本ですけれども、同時に、

「悲しきかなや、幸いに念仏しながら、直に報土に生まれずして、辺地に宿をとらんこと。一室の行者の中に信心異なることなからんために、泣く泣く筆を染めてこれを記す、名づけて歎異抄というべし。」

共に念仏の教えを聞きながら、信心に迷う。如何にも悲しいことである。どうか親鸞聖人のお言葉によって、真実報土の正因である純潔な本願の信に帰り、目覚めていただきたい。このように、教団に起こっている混乱を他人事として、あるいは冷たく批判するのではなく、自分の責任である、共に念仏の教えを聞いている同志の中に起こっている問題であって、自分に無関係な、それ故に責任がないといえるものは、一つもない。こういう大きな痛みと愛情とさえいえるものが、『歎異抄』には強く流れている。それが教団としての真宗の魂、生命のようなものではないかと思います。いつでも宗祖の教えによって、自分の宗教生活を反省して行く。これが歎異の心です。そういうふうに、私はこの歎異の精神に、教団としての真宗の根本精神をみたいと思います。

三　歎異としての同朋会運動

私たちの教団の課題である同朋会の運動。これはいったいどこから生まれて来たのであろうかと

いうと、この歎異の心からではないでしょうか。歎異の心が、現代の私たちの中にふと動いた歎異の心が、同朋会運動という形を求め、展開したに違いないのです。この同朋会という言葉を聞きますと、私はいつでも思い出すある先輩の言葉があるのです。その先輩は、こういうことをいっておりました。

「僕は同朋会運動は、懺悔——反省といってもよろしいですね——だと了解している。懺悔だというのは、一つは自分の宗教生活が、本当に親鸞聖人のお心に適うものであったのか、本当に真宗の教えを受けている者であるといえるものであったかを、深く省みることであり、もう一つは、寺の住職として、門徒の人に対して本当に親鸞聖人のご精神を、ご信心を、間違いなく語って来たであろうか。こういうことについての深い懺悔、これまでの真宗の僧侶は、本当の宗祖のご精神を間違いなく学び取り、語って来たのだろうか。どこか大きな誤り、過ちを犯して来たのではないか。そういう懺悔の運動だと理解している。」

といわれまして、非常に深い感銘を受けたことがありました。そういう懺悔の心の表われ、それが同朋会運動を求めた心ですね。

だから一般的に申しまして、同朋会運動はご存知のように強く親鸞聖人の精神に帰り、そこから出発し直そうという願いをもちまして、俗にいう顔を洗って出直さなければならない、こういうことかと思います。いい加減にせずに、自分は本当に親鸞聖人の教えを聞きたいのか、聞こうとしているのか。本当に自分は親鸞聖人の教えによってでなければ生きて行けないのか、その辺をもっとまじめに考えて出発し直そう、こういうような気持から、この運動が生み出されたのではないでしょうか。その意味では、宗祖に帰れ、これが同朋会運動の合言葉でしょうが、帰るというのは、親鸞聖人の本当のご精神から出直そうという意味でいうのです。

四　同朋会運動の始まり

現在の同朋会運動がやや形をとって来ましたのは、振り返ってみますと、昭和二十四年に蓮如上人の四百五十回忌が勤まりましたが、その直後、宗門は三千万円か四千万円かの赤字を負いまして、経済的に非常に苦しんだ時期がありました。その中で暁烏《あけがらす》内局が誕生したのですが、暁烏敏先生が盲目の身をかつぎ出されて、宗務総長になられたのですけれども、当時の記憶をたどってみますと、その暁烏先生に対して、念仏総長という呼び名がつけられていたように思います。つまり真宗教団にとって一番大切なものは念仏である。だから総長たるもの、率先して念仏するのだということであったのではないかと思います。

その暁烏さんの念仏総長内局の時代に、本廟清掃奉仕が始まったのでした。わずかの人数で、一回五、六人から十数名くらいで、現在同朋会館が建っている辺りに、和敬堂という木造の粗末な建物がありまして、そこで自炊のようなことをしながらでした。あの頃の本願寺の両堂は汚くて、まだ東海道線の汽車が煙を吐いて走っている時代でしたから、煤煙と埃とが一緒になって、白足袋で歩くと一遍に足袋が真っ黒になってしまう有様でした。そういう汚れたわれわれのご本廟をきれいにしよう、こういう単純だけれどもまじめな願いが動きまして、本廟清掃奉仕というのが始まったのです。それが、考えてみますと、同朋会運動の上山奉仕の出発ではなかったかと思います。

それからしばらく後に、宮谷法含師の内局ができ、宗祖の七百回忌のご遠忌お待受け、引き続き昭和三十六年にご遠忌が勤まりましたが、その時に全国同朋壮年大会がありまして、やがて訓覇《くるべ》内局になりまして、同朋会運動という名称と構想とに立って、全宗門の事業として再出発することとなる、こういう歩みがあったかと思います。発端は非常に素朴な、ご真影のある本廟をきれいにしたいというくらいの気持であったのでしょうが、運動としてだんだん大きく展開した時には、自覚的な信仰運動、むしろ教学運動としての質を高めて来たということができましょう。

念仏総長といわれた暁烏さんは、七百回忌のご遠忌の時にはもう亡くなっておられましたが、暁烏さんの青年時代、明治四十五年に宗祖の六百五十回忌のご遠忌がありました。非常な盛儀で、現在東本願寺の前を市電が曲がって通っておりますが、あれを烏丸通りから不明門通りへ迂回させたのは、この六百五十回忌の時の群参でした。初めはもちろんまっすぐに烏丸通りに線路をつける予定だったそうですが、非常に多くのお参りがありまして、東本願寺前は群参の人で溢れたのです。それで、東本願寺が行事をすると、これだけの大群参があり、もしまっすぐに電車をつけたら危《あぶな》くてしようがない。本山前は線路を迂回させて広場を作ってほしいと京都市に要求しまして、それももっともだということで、あのように曲がって電車が通るようになったのです。

そんなに盛大なご遠忌でありました六百五十回忌の法要と、最近の報恩講とを較べてみて、そんな折には今も昔も変わらずに大師堂は満堂になるのですが、非常に変わったものがあります。満堂になって、お参りする姿に変わりはないけれども、あの六百五十回忌のご遠忌があった頃には、満堂の参詣人の間から、念仏の声が湧いて堂に満ちていたのです。その念仏の声が、今は満堂になっても細々としか聞こえない。大師堂に溢れていた念仏の声が、消えて行った。この一点が決定的な違いだと暁烏さんが語っておられたと、聞いたことがあります。何か心しなければならぬことと思います。この暁烏さんの感懐に教えられるまでもなく、親鸞聖人が、

「弥陀大悲の誓願を　ふかく信ぜんひとはみな　ねてもさめてもへだてなく　南無阿弥陀仏をとなうべし」

とおっしゃっているのですから、最も単純なことですけれども、称名念仏をもつことの大切さをつくづくと思うのであります。

このような次第で、もし同朋会運動の最初の出発を暁烏内局の頃にみることができるとしますならば、暁烏先生もまた、『歎異抄』と深い因縁がありますね。同様に『歎異抄』に真宗再興の精神を読み取られたのは、曾我先生であります。あれこれの因縁をたどって行って、私はやはり今日の私たちの課題であります同朋会運動は、あの『歎異抄』を生み出したと同じ質の歎異の心であるに違いないと思わずにはおれません。その『歎異抄』が真宗の大切な聖典として、身近に読まれるようになるためには、明治の清沢先生以来の諸先生による大変なご努力があり、そのご努力を通して私たちは、親鸞聖人の本当のご精神に触れることができるのであります。

近代教学史、教学の歩みと申しますと、大筋として以上のことを承知しておくことができれば、幸いかと存じます。

第二講　近代における教団の歩み

一　はじめに

これまでみて来ましたような教学の展開を担いながら歩いて来た宗門の努力を、次にたどって行くことにいたします。明治維新からこのかた百年ほどの歩みですが、今回は明治時代だけを見ることに止めさせていただきます。

明治頃の真宗を見ますと、もう、危機の連続ですね。非常に大きな危機の中に投げ出されるのですが、その危機を象徴するのが、明治維新でしょう。ことに大谷派にとっては、明治維新は非常に重大な事件でした。この点からいいますと、明治維新に始まった危機的状況を、江戸時代に作られた教団体制を、明治の時代に仕事を果たし遂げて行くことのできる新しい教団へと作り変えて行く、こういう教団の再編成をやり遂げるという形で、大谷派は乗りこえて来たといってよいでしょう。同朋会運動の展開と並行して、教団という問題が一つの課題となって、いろんな視点から問われて来たと思います。その中で、教団の封建性ということが指摘され反省されておりますけれども、現在の真宗教団はいわゆる封建的体質を色濃く保持していることは間違いありませんが、現在の真宗教団はもう江戸時代の宗門ではありません。明治になって新しく作られた制度であるということも、十分に知っておきたいと思うのです。江戸時代の宗門制度を、明治時代になって近代的な体制に作り変えて行った。このことは見落としてはいけません。

二　明治維新と宗門

その発端である明治維新とは、ご存知のように、長州と薩摩を中心とする日本の西南の雄藩が、一つの新しい連合政権を作り、徳川幕府と鳥羽・伏見の戦いに始まり、北海道の五稜郭の戦いに終った一連の国内戦を経て、新しい政府を作り上げ、そして、新しい明治政府による日本全体の統治を始める。そして天皇制を中核とする近代国家を精力的に形成して行く。こういう仕事の始まりであります。

明治政府は維新の最初の仕事として、徳川幕府を武力で倒さなければならなかったのです。その時、当時の本願寺というものは、現在と違って非常に大きな力をもっておりまして、日本最大の教化団体でした。現在はそうはいえませんが、明治のある時期までは、真宗教団は日本で最も影響力のある大きな教化団体であったのです。したがって、本願寺がどちらを向くかということは、明治の新政府にとってはよほど注意しなければならない事柄でありました。

本願寺というのは、改めていうまでもなく、東西二つの本願寺がありますが、西本願寺はその昔豊臣秀吉が今の堀川七条に寺地を与えて、石山戦争敗北以来住所不定であった本願寺を定着させたという意味で、豊臣家に恩顧を受けている寺です。したがって江戸時代には、おそらく外様大名と同じような扱いをされていたことと考えられます。それに対して東本願寺は、徳川家康が今の烏丸六条に土地を与えて寺を建てた。家康・家光と深い因縁がありますから、いわば親藩のようなもので、徳川に恩顧を受けている寺であります。因みにいいますと、江戸時代には両本願寺は、格式十万石・実力百万石という評価を受けておりました。まず大大名の待遇ですね。たとえば西本願寺に参りますと、御影堂門の内側に塀がありますが、あの塀が十万石以上の大名に許された格式なのです。

明治維新が始まると、一夜にして徳川幕府が、明治新政府の倒すべき敵となります。その時、西本願寺は幕府との関係からいっても、あるいは長州に地盤をもっているという点からいっても、何の問題もなかったでしょうが、東本願寺は明治新政府に対してどういう態度を取るかが、大変な問題となりました。大方の予想としては、東本願寺は徳川恩顧の教団であるから、当然幕府と運命を共にするであろうというところだったのでしょう。

ところが、明治元年の正月五日の夜、山階宮が東本願寺を訪ねて来られて、当時の門跡は厳如上人ですが、朝廷の意向を伝え、いろいろ因縁があると思うけれども新政府に忠誠を示すよう勧告され、あわせて誓約書を提出するよう求められます。それに対して翌一月六日、すぐに門跡が宮中に行って新政府に敵意をもたないという誓約書を出された、ということになります。五日の夜には本山重役、家老が皆集まりまして、恩顧を受けて来た徳川家に味方すべきだという主張と、新政府につくべきだと主張する派とに分かれて大激論があったと伝えられますが、結局新政府に敵対しないという態度を決めたのです。それだけでは新政府から信用されませんので、本願寺はすぐに明治政府に対して献金をしました。一万七千両ともいい、二万四千両ともいいますが、約二万両の大金など、本山に現金があろうはずもありません。法主が江州、岐阜県、愛知県を何回か巡化なさって、二万両の莫大なお金と、五千俵の米を集め、朝廷に敵対しないという忠誠のしるしに献納したのです。

考えてみますと、新政府にも金がないのです。徳川幕府と戦争をし、新しい政府を作って行くのに必要な莫大な費用、新政府には十分な金はありません。その新政府に対して、東本願寺は献金し、献米をしなければならなかった。よく考えてみると東本願寺は、三百年の間保護してくれた徳川幕府を倒す軍資金に、門徒から二万両の金を集め、軍隊のために五千俵もの兵粮米を差し出した。こういう、道義的には極めて苦しい立場から、明治宗門はその歩みを始めたのです。良いか悪いか、分かりませんが、こういう事実があったのです。

さらに明治二年になりますと、北海道の開拓が仰せつけられます。これは札幌までの約百六十キロほどの道路を開設せよという命令です。文字通り開拓なのですね。しかも形は本願寺から願い出るということになっていますが、実は仰せつけるのです。そして、莫大な費用――普通いわれているのは四十五万両ですが、実際のところは分かりません――を費して、とにかく道路を、現在も本願寺道といわれている道路をつけ終るのですね。おそらくこれもまた、新政府に対する東本願寺の忠誠証明というべきものでありましょう。

しかし、これを縁として、本願寺は門徒を動員します。そして、本願寺の門徒だから説教場を作ることを許してもらい、道路工事をするかたわら、人夫の宿泊所の辺りにお粗末ながら説教所を作って、説教をし、かつ聞きながら道路工事を続けて行ったと伝えられているんですね。その時、当時農村に溢れていた、二男、三男、あるいは寺の二男、三男の人が、北海道に新しい世界を求めて移住して行く、こういうことが、東本願寺の北海道開拓に付随して起こって来ました。

北陸地方の寺の二男や三男の人が、門徒の青年たちと語り合い相談して北海道へ移って行く。「君は新田を耕せ、我は心田を耕さん」。君は北海道の地に、大地を切り開いて新しい田を耕してくれ。私は君たちと一緒に精神的な意味での大地を耕そう。つまり北海道の新しい天地に、浄土真宗の教えを伝えよう。開拓と教化ですね。そこに新しい同志の関係も生まれ、こういう感動的な言葉も語られていた。今にそれが感慨深く語られるのを、私は聞いたことがあります。

三　廃仏毀釈

さて、こうして始まった明治宗門の歩みを見ますと、内外に大変に困難な問題が山積しており、文字通り内憂外患こもごも至るという、危機的状況の連続です。

第一に明治元年、明治政府は神仏判然令を出しました。これは神様と仏様とをはっきり分離させようという、政府の命令です。お分かりと思いますが、明治維新の初期、それを思想的な面で指導したのは神道であり、神道の中で最も右翼にある平田篤胤《あつたね》が指導した復古神道ですね。つまり孔子の教えも釈迦の教えも、外来の宗教である。そういうものに汚染される以前の日本人の本来の精神である「あかく、きよく、なおき」心を回復せよ。こういう主張をもつ神道ですから、当然仏教などは、日本人古来の美しい精神を汚染する源であるから排除しなくてはならない。こういう立場の復古神道が、新政府の思想的依り所になったのですから、神仏判然令が出るのも当然ですね。

ところが仏教の方は、大変なショックです。およそ日本に仏教が伝来して以来、初めてこういう経験に遇うたのです。だいたい、真宗は純潔であって、ただ阿弥陀仏一仏を拝むのだという立場を貫きますけれども、真宗以外の仏教は、神様は仏様が仮にその姿をあらわしたものであるから、神様も拝んでも何の矛盾もない。本地垂迹説をみても分かる通り、仏教が主導権をとってですが、仏様と神様が平和共存をしておりました。寺の境内に宮があり、宮の管理を寺がする。仏教と神道との間にむしろ融合があって、厳しい矛盾対立はありませんでした。

今でもその形をはっきりと残しているのは、日光東照宮です。あれは輪王寺という寺と東照宮という宮とが、分かち難く一つになっています。徳川家康は権現様といわれるのですが、権現様というのは何ですかね。神様ともつかず、仏様ともつかず、怪しいものですね。そういう形が江戸時代までの普通の宗教のあり方だったのです。だから輪王寺が東照宮を管理し、日常の勤行をいたします。また、たとえば京都の上賀茂神社にも神宮寺がありまして、真言宗のお坊さんが衣を着てお宮で般若経などをあげていたのです。そういうふうに、仏様と神様が何の矛盾もなく一つであるのが普通でしたが、真宗だけは神様を祀《まつ》らずに、一向宗として純潔さをもっておりました。

それに対して、この神仏分離の命令が出たのですから、仏教界に大混乱が起き、暴動さえ起こったのです。これを廃仏毀釈《はいぶつきしゃく》と呼んでおります。つまり政府は仏教と神様とをはっきり分離させようといったのですが、実際にそれが実行された現場では、仏教を廃し、釈迦の教えを打ちこわすという、宗教暴動になったのです。仏教を打ちこわすという意味での、騒動です。

この時に、非常にたくさんの寺々がこわされたり、仏像が傷つけられこわされ、打ち捨てられたり、たくさんの経典が破られ、焼かれ、川に流されたりしました。その傷跡は、たとえば安芸の宮島に行ってみますと、かつては厳島神社はそばにあります真言宗の寺が管理し、お祀りをしておったのが、今は両者はまったく分離し、かつてお寺であった大堂が文字通りガランとして、何の建物か分からなくなっています。あるいは奈良の興福寺がすっかり荒らされまして、あの猿沢の池のそばに建っている国宝の美しい五重の塔が、維持に困って薪として売りに出されたが、誰も買い手がつかなかったというような、惨憺たる事態となりました。そういう打撃を、仏教は明治元年から三年頃まで連続して受けたのです。

お分かりの通り、政府の神仏判然令が、仏教を打ちこわすような暴動になって実行されたというところには、民衆が長い間仏教に対してもって来た恨みというか、怨念ですね、そういうものが爆発したとしかいいようのないもの、つまり仏教に対して民衆が、あるいは歴史が下した判決だと受け止めなければならないものが、そこにはあろうかと思います。江戸時代の仏教寺院は、ご存知の通り、幕府の出先機関としての性格を一面もっておりました。つまり戸籍を握り、寺請制度で檀家を握っていました。そういう幕府の権力機構の末端として、民衆支配の一翼を担ってそれに安住し、慈悲を説く教えでありながら、一般民衆には必ずしも慈悲の手を差しのべてくれなかった。そのような事態が積り積って、廃仏毀釈の暴動として爆発したのだと、受け止めるべきかと思います。

それだけでなく、さらに統廃寺ということが強制されます。復古神道が仏教を嫌うのは先ほど申した通りですが、真宗をとってみても、説教を聞いてみると死んでからの地獄や極楽の話ばかりしている。念仏すれば死んでから極楽に行けるとか、悪いことをすれば地獄に堕《お》ちるとか、そんなことばかり説教している仏教は、新しい国づくりには何の必要もない。だから仏教寺院など減らしてまとめてしまえ、という方針です。

この統廃寺が最も厳しく行われたのが富山藩でありまして、真宗の寺が東西合わせて千カ寺くらいありましたのを、一宗一カ寺にせよと命令したのです。それで各宗の末寺は、大恐慌に陥ります。他宗は独身だからよいものの真宗の場合は家族がおります。家族をかかえた千カ寺もの真宗の末寺が、寺として存続することを許されない。どんどん還俗《げんぞく》しろ。還俗するものには無償で庫裡《くり》を与えよう。こういうような県令の命令が出ます。大変に困って、住職たちが集まって窮状を本山に連絡して、中央の方で何とか手を打ってもらおうではないかということになりましたが、県境が藩兵に封鎖されていて京都へ上ることができない。もう大変な騒動であったと伝えられています。

もう一ついえば、皇室は聖徳太子とか聖武天皇以来、仏教と深い因縁がありました。中には後白河法皇のように、法皇として僧形の方もありましたことは、ご承知の通りです。したがって、江戸時代には宮中にもお内仏がありましたが、この廃仏毀釈の時に、宮中から仏教関係のものを全部取り除いてしまおうということになります。お内仏は京都の泉涌寺に移してしまい、こうして皇室には仏様がなくなり、神様だけが残ります。以後皇室の方は、仏教の教化を受けられる機会がなくなります。これはいったい、皇室にとって幸福でしょうか、不幸でしょうか。かつて偉大なる天皇、聖徳太子とか聖武天皇、その他すぐれた皇室のご先祖が、仏教の教えによって心を育てられて来たのですが、その仏教の教えを聞くことが、皇室にはなくなったのです。

四　教部省の宗教統制

この神仏判然令に続いて、第二に明治三年になりますと、大教宣布、つまり神道を国教にするという宣言をします。それが具体的な政策として形をとったのが、明治五年の教部省の設置でした。そしてこの教部省を通して有名な三カ条の教則を発布し、これを国民教化の根本方針といたします。

「一、敬神愛国の旨を体すべき事。一、天理人道を明かにすべき事。一、皇上を奉戴し朝旨を遵守せしむべき事。」

この三カ条を、国民はよくわきまえて生活せよという、いわば文教の根本方針ですね。いうまでもなく、天皇制を精神的な面で内容づけて行こうとする政策です。これを国民に周知徹底させるために、政府は教導職というものを作るのです。この教導職というのは、いわば国家公務員としての布教師というべきものですね。最初は神官だけを教導職にするつもりだったのですが、そのうち手が足りないのと、神官たちは説教が上手でないのと、廃仏毀釈の嵐もほぼ収まり、仏教を多少見直そうとする動きも出て来まして、説教に馴れている仏教僧侶も動員すべきだということになりまして、僧侶で布教をするものは教導職に任命する。そして三カ条を国民によく語って聞かせ、それが教導職の仕事であるから、仏教独自の教化は許さない。こういう非常に厳しい宗教統制を実施したのでした。

この教導職の養成のために、さらに大教院という役所を開設します。大教院は芝の増上寺に置いたのですが、増上寺は浄土宗の本山ですけれども、大教院というのは神道の施設です。それでご本尊を撤去して、その代わりに須弥壇の上に神道の神体である鏡を安置し、そこで各種の研修会を行うのです。各宗の代表を集めて政府の方針を理解させ、自分の宗派に帰ったらそれをそれぞれの宗派で実行する、こういう段取りでしょう。

ところが招集されて大教院に集まった各宗派の代表者たちは、それぞれ自分の属する宗派の装束をつけて儀式に臨みますが、行ってみると阿弥陀如来のお木像の代わりに置かれた鏡の前に、玉《ぎょく》帛奉奠《はくほうてん》をしなければならない。他の宗派は長い神仏混淆の習慣がありますから、必ずしも矛盾を感じなかったかも知れませんが、真宗の代表者たちは、色衣、五条袈裟を着けて柏手を打ち、玉帛を奉奠することを強制されるのは、耐えがたい屈辱であったに違いありません。これではいけないという印象が、やがて真宗の大教院からの分離要請となって来るのです。

こうして、長い間徳川幕府の保護のもとで怠けていた仏教の弱点が、次々と暴露して行くのです。廃仏毀釈、教部省・大教院の宗教統制と……。さらにこの教導職任命に当たって、これは一種の国家公務員ですから、採用試験が行われ、教導職になって布教をするためには、どうしてもこの試験を受けなければならないことになります。これがまた、僧侶に対する一般の尊敬をガタッと落とさせてしまったのですね。つまり、それまでは一応、村で字を知り、教養があるのは寺の住職だけであるという、一般的評価がありました。ところが実際試験をしてみると、思いもかけぬほどひどい、教養も何もない。これが仏教僧侶の実態であるかという次第で、僧侶の尊敬と信頼とをずいぶん失墜させた機会になってしまいます。三界の大導師を以て任じていた僧侶が、政府の小役人の試験を受けて落第させられるというわけで、まったく立つ瀬がなくなります。

明治六年になると、有名な「肉食妻帯勝手たるべき事」という布告が出ます。これはご存知のように、徳川時代の仏教は寺社奉行、今の言葉で申しますと宗教警察の厳しい統制がありまして、僧侶は幕府の宗門法度によって非常に厳しく取り締まられていたのです。その統制の中に、各宗の僧侶はそれぞれの宗門の戒律を厳守しなければならないという項目があります。戒というものは、これはどこまでも自分が誓いをたてて自発的に守るものです。それが宗門の戒律ですが、それを守ることがさらに幕府の法によって強制されていたのです。たとえば戒の中に不婬戒というのがありま す。僧侶は結婚をしないという誓いですね。しかし宗門法度の統制のもとにあるということは、もし僧侶が不婬戒を破った場合、その宗門で破戒僧として処置されるに止まらず、幕府の処分も受けなければならなかったのです。幕府の法を破ったことになるのですから。その処分はおそらく不義と一緒で島送りではなかったでしょうか。

ともかく、こういうように、幕府の法による戒律の遵守の強制がありました（ただし真宗は、肉食妻帯を公認されておりました。これは在家宗として出発しているのですから）。

この国家による戒律の遵守強制を、明治政府は外したのです。

「自今、僧侶の肉食妻帯は勝手たるべき事」

政府の強制がなくても、まじめな坊さんだから、これまで通り戒律を守って行くだろうと予想していたところ、案に相違して、多くの僧侶は、「待ってました、やっと政府の処罰を受けずに、公然と破戒できる」ということで、にわかに肉食妻帯が行われ出したといいます。こんな次第で、僧侶というのは偉い人かと思っていたら、試験をしてみると頭の中は空っぽであるし、生活態度をみると、戒律を守ってまじめな宗教生活をしようとする者もいない。いったい僧侶とはなんだという、いわゆる僧侶不信、僧侶は天下の遊民だという声が、にわかに高まったのでした。真言宗の釈雲照律師、浄土宗の福田行誡師が早くから戒律の復興を叫ばれたのですが、後に清沢満之先生が、「仏教者よ、なんぞ自重せざるか」と叫ばざるを得ない事態が、一挙に顕在化して行ったのですね。

五　西欧文化の挑戦

これだけでも大きな試練ですが、もっと深刻な事態は、ヨーロッパ文化の挑戦です。維新当初、それを思想的に指導した復古神道は、明治五年頃から行き詰まって来ます。ヨーロッパの近代国家、イギリスやフランス、ドイツやアメリカという列強と肩を並べて近代国家の仲間入りをしなければならない時に、神がかりではとてもダメだということが分かって来て、五年頃になると政府は方針を変えて、積極的にヨーロッパの文化・技術・科学・思想を取り入れることとなります。

「ザンギリ頭をたたいてみれば、文明開化の音がする」という時代が始まり、これまで知らなかった近代ヨーロッパのあの強大な文化が、文字通り輝くような印象を伴って怒濤のように日本に入って来ます。それと共に、キリスト教がアメリカの伝道協会の非常に強力な資本と人材とをもって、次々と日本に入って来ます。この時に日本に来た伝道師、宣教師は第一級の人物でありまして、例のライシャワー大使の父君もその一人でした。あるいは北海道の農学校に来たクラークも、そういう雰囲気の中に日本に来た人です。人間的にもすぐれたそういう人たちが、キリスト教を担って日本にやって来たのですね。

こうなってくると、それまで日本の精神界を指導していた仏教、あるいは仏教を中心とする伝統的な文化が改めて見直されてくる。そうするとそれらのものが、如何にも見すぼらしく見えてくるのです。これまでは釈迦の教えは非常に立派なものだと思っていたのが、西洋の文化と較べてみると何だか見すぼらしい。ことに日本の代表的な宗教である真宗の教えなどは、勧善懲悪、善い事をすれば極楽、悪い事をすれば死んでから地獄に堕《お》ちるというようなことを説く、非常に程度の低い宗教ではないのか。仏教全体が封建時代の遺物であり、真宗などは愚夫愚婦《ぐふぐふ》の宗教にすぎない。田舎の字も読めないようなおじいさんやおばあさんを慰める、非常に程度の低い宗教であるという評価をされて来ることとなります。さらに文部大臣である森有礼氏の方針によって、明治の新政府は、国民教育の中から宗教を除外するという政策をとります。そのために宗教的な面で国民が教育を受ける機会は、学校教育の場からは消えていきます。

先に言及したように、僧侶に対する信頼の喪失と、仏教全体が新しい文化の光の中で、にわかに色褪せて、古臭い信ずるに足らぬ宗教だという烙印を押されてしまうのです。これが最も深刻な仏教の危機であります。これをどのようにして克服するのかという課題を、先輩の仏教者たちは背負わねばならなかったのです。もしわれわれが明治時代に生きていたら、何処から手をつけたらよいか迷うような、難しい問題であります。同朋会運動が担おうとした課題よりも、はるかに深刻であったというべきかも知れません。

六　両堂の焼失と巨額の負債

さて、このような明治の変革期にあって、新しい国家、あるいは文明開化して行く新しい時代から受ける圧力、挑戦を受けて立たねばならなかった真宗教団の内部には、その上さらに面倒な問題が大きく蟠《わだかま》っておりました。

形の面で申しますと、教団の中枢となるべき本山が焼失しているということです。形などどうでもよいとはいうものの、今京都に行って見れば東本願寺の両堂が建っている所が焼け野原になり、バラックが建っているという状態だったのですから、感じもだいぶん違ってくると思うんです。これは元治元年――明治元年の四年ほど前ですが――あの有名な禁門の変（蛤御門の戦い）が起こり、長州の軍隊と、御所を守っていた薩摩・会津・桑名などの幕府の軍隊とが対立し戦争となったのですが、その際に幕府軍に撃ち込んだ砲弾が、御所に飛び込んだというので、面倒なことになってしまいます。そういう中で長州軍が敗退して、敗残兵となって市中に逃げたのですが、その長州兵を一番よく匿《かくま》ったのが西本願寺です。長州と西本願寺とは因縁が深いので、一個小隊五十人ほどの長州兵が西本願寺に逃げ込んだのです。本山の重役たちは困ったでしょうが、窮鳥も懐に入ればということで長州兵の頭を剃ってにわか坊主にし、衣を着せて本山の諸殿に隠して、捜索隊に対しては何食わぬ顔をして長州兵は一人もいませんと、しらを切ったというエピソードがあります。京都の市民も長州兵に好感を持っていたとみえて、民家に匿ったのですね。それで敗残兵がいても、なかなか幕府方に報告しなかったらしく、そこで幕府軍は腹を立てて京都の町に火を放ったというのです。

ずいぶん乱暴な話ですが、その火の手が上京から下京へ延焼して来まして、その火のために東本願寺は全焼してしまった。今、高倉会館のある所に本山の学校があり、高倉学寮と呼んだ大きな寄宿舎のある学校でしたが、これも全焼しました。その火が西にひろがり堀川通りまで焼けますが、西本願寺は幸い類焼を免れます。その時に、西本願寺の御影堂の前にある「水吹きの銀杏」が水を吹き出して、西本願寺は焼けずに済んだということになっております。東本願寺が焼けた時に、近所の信徒の方が消火に駆けつけて、両堂を守るために百人ほども死傷したと聞いております。実はこの元治元年の焼失までに、東本願寺は四回ほども火事にあっているのです。あまり何度も火事を出すので、京都の人は「火出し本願寺」と呼んだという笑い話が残っています。そんなことがあったものですから、東本願寺は現在でも火事に対する配慮はやかましくいわれていますね。

それからもう一つの面倒な問題は借金です。これも東本願寺の名物でして、句仏問題が片づくまで、本山は借金のためにずいぶん経済的に悩み、また紛糾しています。その負債は、遠く天明年間の本山焼失の際の再建費に端を発しているといわれますが、維新後の激変する状況の中で、宗門が緊急の仕事をしようにも金はない。あるのは借金だけ。本山は焼失して焼け野原。こんな有様でした。因みに負債についていいますと、明治五年に寺務所をつくりますが、その時の本山の年収がわずか四万円、借金は八十万円もあったといわれるのです。借金が年収の二十倍ですから、今の予算を十億円としますと二百億円くらいの見当になります。そのくらいの圧力のある借金に悩まされていたのですね。

このような教団内部の重苦しい問題を抱えながら、外部からは国家、あるいは時代からの圧力の中で、真宗は新しく歩みを始めなければならないという、大変な苦労があったのであります。

七　真俗二諦相依の宗風の強調

この難事業にどこから手をつけ始めたかと申しますと、明治初期の宗門は、まず教化の面で新しい路線を打ち出してきます。明治政府は国家主義の枠の中に宗教をはめ込もうとして、宗教に対する非常に強い国家主義的な統制を敷こうという方針であります。政府の指導者は、真宗の教えは勧善懲悪の教えで、死後の地獄、極楽ということばかり説いて、現実の生活に何の意味もないといって批判して来ます。

これに対して真宗は、それは真宗の教えに対する認識不足であると反論します。真宗の教えは真俗二諦が相依り、相助けて成り立っているものであるという。真諦というのはご安心、信仰そのものであります。俗諦とは、信仰者の生活の規範です。念仏を信ずる者はどのような生活をすべきなのか、という念仏者の倫理、それが俗諦です。真宗にはちゃんと俗諦の教えがあって、この現実社会の中で立派に社会人として生活すべきであると説いていると、主張して行ったのです。蓮如上人に仏法・王法という言葉づかいがあります。『御文《おふみ》』の中にも、

「ほかには王法をもっておもてとし、内心には他力の信心をふかくたくわえて、世間の仁義をもって本とすべし。」（二の六）

といわれている。仏教は内面の自覚の問題であって、一人の社会人としては王法、国家の法律、社会の掟に従って生活せよとの誡めであります。それを受け継いで明治時代には、王法・仏法を真俗二諦という言葉で表現したのです。したがって真俗二諦というのは言葉としては古いのですが、真宗の大切な教えとして大きく浮かび上がってくるのは、明治の初期からであるといってよいのでしょう。

その時、真宗の俗諦として先輩といいますか、本山が強調したのは、儒教の教えである人倫の道がだいたい従来の俗諦の内容でしたけれども、これに加えて例の教部省の三カ条の教則ですね。これに従って国家忠良の臣民たれという誡め、たとえば明治二年の法主の直命の中に、

「この教によって念仏勤行するものは、別して皇上を奉戴し、朝旨を遵守すべし。」

というお達しがありますが、同じ趣旨のお言葉が、くり返しくり返し出されます。つまり念仏を行ずる者は三カ条の教則の教える、天皇を尊び、国家の命令を守り、そういうことをよく心得て生活せよ。これが真宗の俗諦の教えであるというふうに、強調したのであります。

そしてもう一つ指摘されておりますのは、報恩講の時に読む『御伝鈔』の中に、『教行信証』の後序の文を引用して、親鸞聖人が越後へご流罪になったあの承元の法難について述べている箇所がありますが、その中の天皇に対する批判のところは読まないことにしようという配慮です。それはご存知のように、法然上人の専修念仏の教えが朝廷によって禁止されます。そして法然上人や親鸞聖人が流罪になります。あの承元の法難の記録が『教行信証』の後序にありまして、その中に、

「竊《ひそか》に以《おも》みれば、聖道の諸教は行証久しく廃《すた》れ、浄土の真宗は証道いま盛なり。しかるに諸寺の釈門、教に昏《くら》くして真仮の門戸を知らず、洛都の儒林、行に迷うて邪正の道路を弁《わきま》うることなし。ここをもって興福寺の学徒、……」

という言葉に始まる、非常に厳しい、当時の比叡山や興福寺という伝統仏教と、それらと一体となって法然上人の念仏の教えを禁止し弾圧した朝廷に対する批判がなされているのですね。その中に、

「主上臣下、法に背《そむ》き義に違し、忿《いかり》を成し、怨《うらみ》を結ぶ。」

という厳しい批判の言葉があります。天皇も、天皇につかえる大臣たちも正義をふみにじって個人的な腹立ちのために弾圧したという意味の言葉ですが、これは天皇に対する批判であるから、このところは読まないことにしようという措置がとられ、それがこの明治の初期に始まって、第二次大戦の敗戦まで続いてきたのです。

このようにして、天皇を中心とした国家主義に対して、今いったような形でもって圧力をかわしながら、真宗はその教化を推し進めて行ったのです。

八　信教自由の闘い

　第二には、一方ではそういう対応というか、妥協的態度をとるものの、国家権力をもって宗教を統制し、信教の自由を認めないことは理不尽ではないか。不都合ではないか。したがってわれわれは信教の自由を要求するということを真宗は非常に力を注いで主張するのです。そのへんは真宗教団のもち得た進歩的な一面でしょう。むしろ現在よりもはるかに柔軟で、開明的・進歩的な姿勢です。

　明治二年に両本願寺は、代表をヨーロッパに派遣しています。大谷派では石川舜台師が現如上人と一緒にヨーロッパに行っていますし、西本願寺では島地默雷師が行かれて、ヨーロッパの宗教事情を視察して、信教の自由という近代社会の理念を知るのです。その学び知った理念を大義名分として、日本においても近代国家であるかぎり信教は自由でなければならない。したがってわれわれは大教院・教部省による宗教統制を承認できない。だから真宗は大教院から分離して、真宗独自の教化活動をしたいから、政府はこれを許してほしいという形で主張したのです。真宗が大教院から分離せざるを得ない理由は、真宗の教えに立つ限り、神を祀ることはできないというのです。大教院そのものは否定しないけれども、真宗は分離させてほしいという強い要求を提出し、今日もなお信教自由の闘いとして高く評価されている運動を、東西両派が協力して展開します。

　そのような運動を展開したのは真宗だけでありまして、他の仏教諸派は大教院のもとにあることを、むしろ歓迎しています。それは統制もありますが国家の保護もありますから、真宗の大教院分離運動を冷たい目で見ていたということであります。

明治五年、西本願寺の島地黙雷師はヨーロッパから政府に書面を送り、『三条教則批判建白書』を提出します。そして三条教則がいかに前近代的なものであるかを、徹底的に批判します。そういうものを政府に勇敢に提出しているのです。問題の多いものであるかを、徹底的にを経て、結局、明治八年に真宗を大教院から分離させるという許可がおります。そういう努力の結果、多少の曲折しかし真宗の先輩はそれだけで満足せず、分離しても依然として教導職という制度は残っているのですから、度が残っていては信教の自由に大きな障害になるとして、さらにそれを廃止するよう要求します。その制国民の教化は教導職でないとやれないのです。そんな制度は信教の自由に対する大きな侵害であるとして、教導職そのものの廃止をも、強く要求し続けたのです。

結局、明治十七年になって教導職の廃止に成功します。大きなところでは国家権力による宗教統制から脱し切れたとはいえないとしても、直接の制度による宗教統制からは離脱することが出来たわけで、真宗の大変な努力によってかち得た成果です。この大教院分離と教導職廃止とが、真宗教団が新しい形を整えて自ら再編成するための、非常に大きなきっかけとなったのです。

九　新しい教団の編成

このように真宗の両本願寺は、国家の宗教統制に対する批判であるとか、真宗独自の教化活動の面で、維新以来の危機を克服する努力を開始したのですが、しかし始めてみると、徳川時代に形を整えて、以来受け継がれてきた宗門制度では、とてもこのような危機を乗りこえて行く運動はできない。日本そのものが、近代国家として大きな変貌を遂げて行く時代です。その中にあって、教団が、消極的にいえば生きのびる、積極的にいえば新しく近代国家になって行く社会の中で、十分な教化活動をやっていくためには、どうしても新しい教団を形成しないとやって行けない。新しい時代に応じて、軍隊布教、監獄布教、外地布教などの新しい教化活動も次々と始めなければならない。このような新しい時代に即した教化活動をやるためには、古い封建制度の体制をもった教団では、とてもやって行けるものではない。そこで新しい教団をつくるという仕事が、教団の内部で始められて行くこととなります。

その時、新しい教団づくりを担った人びとが手本としたのは、国家の天皇制です。天皇を現人神というほど高く権威づけて、天皇の権威のもとに国民の精神統一をはかるという、あの国家の新体制を手本にしたと考えられます。天皇に準ずるものとして、真宗教団には法主という制度がありますが、その法主の権威を非常に強化して、そしてその権威を中心として、法主を頂点とする中央集権的な教団体制をつくり上げる。完全に国家の制度を手本にした教団体制ですが、この仕事を精力的に推進するのです。

明治になってから着手されたこの教団づくりは、消極的な面からいえば、近代国家、近代社会にふさわしい教団をつくろうということです。

いわゆる教団の近代化ですが、この近代化ということは、現在でもしばしばあらゆる宗門当局者によっていわれていることは、ご存知の通りですけれども、しかし宗教団体にあっては、近代化ということは、やはり消極的な意味しかない努力というべきではありますまいか。積極的な面では、近代化してゆく社会の中で、どのようにして教団本来の教化という仕事を、より有効に果たし遂げて行けるかという、教化のための体制づくりというように考えるべきだと思います。ともかく、そのような教団の近代化を強力に推し進めたのであります。

十　護法場の青年たち

その時に、この仕事を担った人たちはどのような人びとであったのでしょうか。大谷派においては、それは、主として護法場という学校に学んだ青年たちでした。この護法場というのは、明治元年に高倉学寮に付属して設立された、学寮の付設教室なのです。枳殻邸の北の方に、高倉会館が現在ありますが、あの会館が高倉学寮の講堂だったのです。あの建物は明治十九年に建てられたものですが、今の高倉会館の周辺に、幾棟かの寄宿舎が並んでおり、学生は全部寄宿舎で生活し、講義を聞き勉強していたのです。ところが高倉学寮は、伝統的に宗乗と余乗、つまり真宗学と仏教学だけを講義し勉強するのです。その他の学問は、伝統的な真宗の学場である高倉学寮では許されなかったのです。高倉学寮は純粋に仏教の学問だけをするという伝統をもっています。よくいえば伝統ですが、悪くいえばコチコチ頭ですね。

ところが明治になりまして、新しい文明開化の気風が盛んに動いて来ますと、国学も洋学もキリスト教の研究もやらなければならない。従来の真宗学や仏教学だけでは、新しい時代の宗門の学問研究は足りない。しかしながら高倉学寮では、それを許さないのです。仕方がないので付属教室をつくって、それを護法場と呼び、そこで新しくキリスト教の研究や、仏教以外の学問を研究し、教育するようになったのです。この護法場の主事となったのが、伏見西方寺の住職で高倉学寮の嗣講職、今でいうとだいたい副学長に当たる職にあった闡彰院空覚という学僧でありました。この方はおそらく、よほど信頼もあり、進歩的な考えをもった人だったのでしょうか。加えて時代の要求もあって、護法場には非常にすぐれた青年たちが多く集まって、新しい真宗を担うべく勉強を始めたということです。重要な洋書の翻訳も始めております。何か非常に意欲的で大胆な、人材養成の努力ですね。

ここで育った数多くの俊秀の中で、今三人ほどの方の名を紹介しますと、石川台嶺師、石川舜台師、渥美契縁師、この三人です。石川台嶺という人は、愛知県の碧南市辺りに菊間藩という小さな藩がありましたが、明治の頃そこで一向一揆が起こっております。廃仏毀釈の騒動の中で、菊間藩の知事が非常に強い廃仏の態度を示したのです。それに対して三河の門徒が憤激し、住職たちと一緒になって、仏法を弾圧する知事を許すわけにはいかないということで暴動を起こしたのですが、その反廃仏運動の中心的指導者だったのが、石川台嶺師であったのです。この菊間藩の一揆が、将来は分かりませんが、最後の一向一揆といわれているもので、その中心になったのが、非常に護法精神の強い、血気盛んな情熱家であった台嶺師であり、そういう人が護法場から生まれているのです。そしてこの台嶺師は暴動の責任を問われ、死刑になっております。

それから石川舜台師、渥美契縁師の二人は、永く本山の宗政の中心になって、新しい教団づくりの中心になった人で、大谷派の宗政の歴史上忘れることのできない人たちです。石川舜台師の寺は、石川県と富山県の県境にある動林寺という大きな寺です。渥美師の寺は、小松の本覚寺という寺です。この人びとが護法場で学び、新しい時代の中でわれわれも新しい真宗をつくって行かねばならないという、責任と気概をはぐくまれたのです。

石川舜台師の回顧録を読んでいましたら、元治元年の蛤御門の戦いがあった時、この人びとは学寮の学生として京都にいたようでありますが、本山が焼けるというので動員されたのでしょう。ご本尊とご真影を火事からお守りするために、それを担って最初大谷別院に避難したのですが、そこも危ないということで山科別院に避難しています。その仕事が終って京都に帰ってみると、本願寺は焼けていたのです。

その焼け野原になった京都を見ながら、石川舜台師は渥美契縁師の肩をたたいて、こんなことを語っています。「新しい日本が始まる動きがひしひしと感じられるのだが、この新しい日本づくりの運動の中心に立っているのは、おそらくは中等以下の士分たちのようである。われわれの宗門も同じように、やがて新しい宗門づくりが始まるであろうが、その時は中等以下の坊主こそ、新しい宗門を担うべき仕事の中心にならなくてはならない」こんな語り合いが記録してありました。当時この人たちは二十八、九歳です。そのような人びとが、明治の新しい教団づくりを担ったのです。

十一　本山改革——寺務所の開設

その最初の仕事が、明治四年に新しく本山に寺務所を開くという形で開始されます。この寺務所を新しく開設する仕事、いわゆる本山改革は、当時の本山の坊官制を廃止する処置と並行して行われたのです。それまでの本願寺は、宗政は寺侍である坊官によって担当されておりました。真宗の本山である本願寺は、坊官、御堂衆、学寮がそれぞれの役目を担当しており、現在の宗務所の行っている事務一切は、坊官である本願寺の家老と寺侍が担当し、儀式は御堂衆が担当し、一般の末寺僧侶は高倉学寮を中心とする教育研究のところにだけ、出て来ることができるという制度でした。そこでそういう状態を改革して、本願寺を中心とする一派の宗政は、末寺の僧侶の手で行うべきだという主張を打ち出したのであります。

明治四年、政府の命令として身分制廃止、身分解放令が出ます。それに伴って寺侍の制度も廃止され、西本願寺の場合は、旧坊官の生活の問題を配慮して穏やかに坊官制を廃止したようですが、大谷派では、この機に乗じて坊官制を廃止し、一気に末寺僧侶の手による宗政を実現しようと目論んだのでしょう。

坊官は百二十五家族ほどであったそうですが、京都府知事の命令を利用して、旧坊官の生活上の配慮を十分にせず、いわば権力的に切り捨ててしまったといわれます。それで、旧坊官は生活の道が、一度に断たれてしまったことになります。時に渥美師三十四歳、石川師は三十二歳の若さです。この強行措置に対して、一方では、本願寺と共に古い伝統をもった坊官制度を、本山改革の美名のもとに強引に廃止してしまい、若僧たちが勝手に本山の権力を奪って寺務所を開こうとしているという、反感が渦巻きます。あの若い連中の背後には黒幕がいるに違いない。それは護法場の闡彰院空覚であろうということで、明治五年の秋、暴風の晩でしたが、学寮の嗣講職の役宅で、師は何者かの手によって暗殺されたのでした。机の上には、本山改革の意見書が書きかけのまま残されていたと伝えられています。つい先年まで、大谷大学の図書館には、空覚師の血染めの白衣と簑笠が置いてありましたが、今は書庫にでもしまってあるのでしょうか。

闡彰院暗殺というような、血なまぐさい事件を惹き起こしながら、新しい寺務所が開設されたのです。その頃の京雀の噂によれば、東西両本願寺の気風を評して、東侍西坊主といっていたといわれます。東本願寺の坊主は、何となく武士めいたいかつい気風があり、西の方はいかにも坊さんらしい、肌ざわりのいい、もの分かりのいい気風があるということです。これは漢和辞典にものっておりますので、かなり有名なことなのでしょう。

十二　宗規綱領の制定

その時、寺務所を開設して、坊官に代わって今いった若い人びとが寺務の要職についてみて驚いたのが、本山の年収がわずか四万円であるのに対して、借金が八十万円もあるという経済状態だったのです。こういう重荷を背負いながら、外に対しては大教院分離運動を推し進め、内には新しい教団づくりを行っていきます。

具体的にたどってみますと、明治九年、政府の命令によって大谷派・本願寺派・高田派・木辺派の四派が共同で、宗規綱領というものをつくります。実はこれが、いわゆる宗憲の始まりというべきものですが、これを制定するについては、そこに、前から述べて来たあの大教院分離運動が絡んでいたのです。つまり、明治八年に先ほど申しましたように、真宗が大教院から分離することが承認されましたが、大教院そのものは残っておりますし、教導職という制度も依然として続いておるのですね。教導職は一種の国家公務員ですが、真宗は大教院から分離したのだから、真宗の教導職を政府が取り締まるのは、多少不都合な点がある。そこで、教導職取り締まりの仕事を、その宗門の最高責任者である人が代行してほしい。つまり管長という制度をつくれという政府の要請がありまして、真宗は管長職という職務を新しくつくったのです。管長職というのは、宗門内の国家公務員である教導職を取り締まるという役目です。それをきっかけにして、さらに数々の新しい教団の編成替えというべき内容を盛り込んで制定されたのが、この宗規綱領であります。

宗規綱領の一番重要な内容は、中本寺の廃止でしょう。徳川時代の宗門というのは、寺院に三つの段階がありまして、門徒、末寺、中本寺、それから本寺となっていたのです。本寺としての本願寺、むろん京都にありますが、その本願寺の下に、中本寺という格を持った大きな寺があり、その中本寺は下に、数十から数百にのぼる末寺や道場をもっています。そういう中本寺格の大坊を中心とした末寺群が各地にあって、いわば三河教団、尾張教団、加賀教団というようなものを作っていたのです。そして末寺、道場の下に、手つぎの門徒があるわけです。こういうのが封建時代の教団組織であって、宗門というのは、本寺本願寺の権威を中心とした、各地方のこういう小教団の集合という性格が濃かった、と考えられます。

教団活動も各地の中本寺を中心に行い、三河であれば三河三カ寺を中心として、加賀であれば専光寺を中心にして、その地方の教団活動をするのです。もちろん地方大坊は、触頭といって、本山の出先機関という役目をもち、本山の意向を受け、あるいは本山と連絡をとって教団統制を行っていましたが、交通・通信の制限もあって、やはり地方地方で小教団としてまとまるという傾向は強かったようです。ただし、異安心問題が起こったら必ず中央と連絡をとる。本山は異安心問題と、平常はご本尊やご聖教の下付が主な仕事でした。

ところが、この制度をやめて本寺は本願寺一ヵ寺に限り、あとは一切末寺として平等であるとする、中央集権的なピラミッド型の体制をとった。これが宗規綱領が実現しようとした、新しい教団再編成の要点です。その再編成の大義名分は、大谷派においては得度の師は本寺住職に限る。したがって全末寺僧侶は法主の弟子であるという原則の主張ですね。このいわば宗教的原則を拡大して、だから末寺僧侶が住職する寺は、本山に対してはすべて末寺とすべきことになります。

こうして本寺本願寺のもとに、全寺院が一律に末寺化し、一つの強固な中央集権体制が作り上げられたのでした。もっともこれは、本山が強行したというよりも、それまで三百余りの藩に分断していた封建日本が、近代的な統一国家に変容して行く時代のただ中ですから、末寺自体も強い統一的な教団を求めた、という事情もあります。その点からいえば、本末呼応していわば時代が求めた再編成というべきでしょう。そして、従来は本願寺住職は門跡と呼ぶのが普通でしたが、この宗規綱領の頃から盛んに法主という名称を使うようになります。

ですからこの宗規綱領の制定に始まる教団再編成は、基本的には法主の権威を強化して、その大きな権威のもとに全末寺を統一しようとしたものであるといってよいでしょう。そのようにして形成され始めた新しい中央集権的な教団の、中央の統轄機関として、本山の寺務所は機能するのです。そして各地方に置かれていた旧幕藩時代の触頭に代わって、新しく本山の寺務所の出先機関として、各地に寺務出張所が設置されます。いうまでもなく現在の教務所の前身ですが、西南の役のあった明治十年頃から開設され、教団は末端まで次第に統一教団としての実質をもつようになって来ます。

十三　宗制寺法——法主・管長制の完成

さらに例の教導職が廃止される明治十六年をきっかけにして、宗門は政府の指導によって、明治十七年から宗制寺法を作るのです。実は宗規綱領よりも、この宗制寺法の方が宗憲の始まりというにふさわしい内容のものなのですが、これによって宗門制度は、さらに大幅に整備されて行きます。その規定、つまり基本的考えによると、大谷派という宗門は、決して単に多数の末寺が集まったものということではなく、本寺によって統率された末寺群をいうのです。

その大谷派という宗門において、最高の権威をもつのは本願寺住職であるが、覚如上人が主張された三代伝持の理論に基づいて、それは真宗における法灯の伝持者であり、だからこそ信仰の面においては宗門ただ一人の能化《のうけ》として、最高の権威者であるとしたのです。その能化としての面を法主という名称で呼ぶのですが、法主は同時に宗政の最高の責任者でもあります。その宗門を統治する面の職分を管長という名称で呼んだのです。したがって本願寺住職は、能化としては法主であり、統治者としては管長である。すなわち信仰の面でも宗政の面でも、宗門の最高の権威ある責任者となるのであります。その統率のもとに全末寺があるから、当然末寺は本山の命令に服従すべきであり、本山の経費を負担する義務がある。こういう考えを基本として成り立つ制度が、いわゆる法主・管長制といわれるものですね。だから、明治二十年頃に制定された大谷派宗制寺法は、この法主・管長制を基軸にして全宗門を整備し、秩序づけて、それを法制に表現したものということができましょう。これが明治五年に始まったいわゆる本山改革によって作り上げられた、新しい宗門体制の姿なのです。そして、これが現在の教団体制の基本となっていることは、お聞き頂いてお分かりの通りです。

十四　両堂の再建

このように制度の面で中央集権的な宗門体制をつくるのと並行して、もう一つそれを強めた努力があります。宗門感情という有名な言葉がありますが、宗門人の感情・心情の面で大谷派という団結を非常に強めた出来事があります。それが両堂の再建です。またこれと並行して行われた巨額の負債の償却です。現在の大谷派の気風とか、独特のものの考え方に、この出来事が大きく影響を残しているといえるようです。

元治元年の蛤御門の戦火で焼失したままの本山の両堂を再建することは、もちろん宗門にとっての切実な願いでした。宗祖のご真影を安置する本廟ですから、一日も早く再建したいのです。それに加えて先ほどから尋ねて来たように、本願寺の権威を中心とした宗門の再編成を強力に推し進めてきます上において、どうしても本願寺の権威を目に見える形で示さねばなりません。こうして、機が熟して、明治十二年に両堂を再建するという法主の垂示が出、翌十三年に斧始が行われます。実際に工事に着手したのは、明治十六年からです。完成したのが二十七年ですから十二年間かかって現在の両堂が完成したのです。

明治二十七年は日清戦争の最中ですから、完成はしたのですけれども、落慶法要は日清戦争の終った後の明治二十八年に行われました。もちろん両堂だけで、書院と塀と堀などはまだです。これらの建物群は、もう少し後の明治四十五年に宗祖の六百五十回忌が営まれた時、大門はじめ次々に建築されて、現在の本願寺の威容が整ったのであります。

現在は京都にも鉄筋の大きな建物が次々にできて、本願寺もビルの谷間に埋まったような感じですが、両堂の完成した明治の頃は、京都の町並みにはせいぜい二階建ての家があるだけですから、

「巍々として雲間を摩するの感ある本願寺」

つまり、「雲に聳《そび》える本願寺」という言葉で、当時の新聞に報道されていますが、文字通り仰ぎ見るばかりの巨大な大伽藍だったのですね。

私たちの二、三世代前の祖先たちの大変な苦労によってできた大伽藍ですから、お参りするたびに建物がずいぶん大きいといって感心しますが、それだけでなく、やはりわれわれの祖先が作った

のだという感動があって、誰しも独特の感銘を受けるに違いないと思います。それに対しては素直に、大きな仕事をしてくれたと感謝するばかりです。宗門の上層部の意図はともかく、それに参加したわれわれの祖先たちの宗門愛の結晶ともいうべき大変な努力の結果ですから、大切なものだと思います。あの大堂を造る時に、百人の死者と二百人の重軽傷者、合わせて三百人の死傷者が出ているのですね。今はその人びとの追悼法要があるかどうか知りませんが、戦争前まではあったと聞いております。

それから、現在は機能は変わりましたが、東本願寺のまわりには、数十の詰所があります、あの詰所群は、両堂再建工事に参加した全国の門徒の人たちが、京都に来た時の宿泊所だったのです。尾張詰所とか美濃詰所とか三河詰所、そういった詰所に寝泊りしながら、各地の門徒衆が再建工事に参加したのです。

さらに、丸物（現在、プラッツ近鉄）が建っている所、あそこらは東本願寺の地所ですが、丸物から七条署のある辺りが、両堂建築の材木を仕上げる工事場であって、その後ろの塩小路の操車場のある辺りが、全国各地から運ばれて来るたくさんの木材の荷おろしの場でした。そこはその後の六百五十回忌のご遠忌の時に、群参する本山参詣者のために臨時停車場にした所です。七条通りの電車道はまだなくて、あの辺一帯は野原であり、丸物の裏の辺りに木材をおろしては削り、組み立てていたのです。

全国から宮大工が動員され、大工学校のようなものも開かれまして、あの辺りで十数年もの間、あの巨大な木造の大建築物を造る工事が営々と行われたのです。そしてこの両堂の再建については、いろいろ涙と共に記憶されるべきエピソードがありますね。皆さんもよくご存知の、五十三本の毛綱もその一つです。瓦が大師堂に十七万枚、阿弥陀堂に十万枚使われていますが、二十七万枚の大瓦は、三河門徒の寄付です。三河別院をつくる予定で瓦の用意をしていたのですが、本山の両堂を建てるというので急ぎ予定を変更して、本山の瓦を作ることとなり、寄付されたのです。欅柱の大部分は、北陸から送られています。大門は長浜別院の門をモデルにして、六百五十回忌の時に造りました。

現在大門の前に蓮の形をした噴水があり、ゆるやかに水が流れておりますが、あれはもともと本山の消火設備です。前にいいましたように「火出し本願寺」といわれ、火事に敏感になっていましたので、疏水が出来て間もない頃、防火用水のために、本願寺の専用水道を造ろうということで、当時の金で十一万円かけて、イギリスから鉄パイプを輸入して、琵琶湖から本願寺専用の水道を引いたのです。そして今でいえばドレンジャーですが、両堂の天井の裏と屋根の軒下に、バルブ一つで水が吹き出すような防火設備を、明治三十年頃に造ったのです。当時としては驚くべき新式の消火設備です。

その時、いかにも明治人らしい思いつきですが、琵琶湖の水面と大門の屋根の高さがほぼ同じといわれるのですから大分水圧があり、平生水をそのまま堀に流すのはどうももったいない。噴水にしたらどうかというものがいて、今の本山の北側に京都教務所がありますが、あの辺りに大きな噴水をつけたのです。勢いのいい水柱が大きく上がって、まことに威勢のよい眺めだったそうです。大いに喜んでいたのですが、風の強い日には近所までしぶきが飛んで洗濯物がぬれて困るという苦情が出て、大門ができた時に今の場所に移したということです。

それから六百五十回忌の頃だと思いますが、秋になると取り入れが終った頃、東本願寺は恒例の報恩講を行います。その時全国から門徒が群参して、本山近所の宿屋や土産物屋は大変具合がよい。ところが春には何の法要もない。春にも是非何か法要をしてくれとの要望が出まして、それでは考えようということで、春の法要が出来たそうです。その時にせっかく本願寺の門徒の方がお参りになるのだから、祇園も協賛しようということで、都おどりが始まったという説もあります。もっとも本当は、都が京都から東京に移り、京都の市民は少々シュンとしていたので、景気をつけようとして都おどりが企画されたらしいのですが、本願寺の春の法要のアトラクションだったという説が出たところに、当時の本願寺がもっていた力が、逆にうかがわれます。いかにも明治らしい、のどかなエピソードであります。

さて、今申しましたように本山の再建は、単に建物を建てるというだけでなく、われわれのご開山のご真影のましょます本廟をつくるということです。だから全門末の協力が期待され、また実際にその協力が行われたのです。それによって大谷派の宗門意識が、非常に高まって来ます。たとえば私の同輩である京都のある寺は、当時自坊の建て直しをしたそうですが、最初は庫裡を総二階にする予定で材木を集めていたのを、一本でも本山再建のために寄付してほしいということで、二階の分の材木を本山再建のために寄付したということを聞きました。形はいろいろですが、大袈裟な言葉でいえば、一紙半銭の合力を、われわれの祖先は本山再建のために行った。現在の東本願寺の両堂は、そういう感動の刻み込まれた建物であるのです。

十五　負債の償却

もう一つ注意をしなければならないのは、それと並行して行われた借金の返済であります。明治五年の八十万円の借金は、その後大教院の分離運動とか、北海道開拓とかの緊急の事業によってぐんぐん増えて行き、明治二十一年には三百三十万円に達します。現在のお金に直してみると、価値の変動を五千倍とすれば、実に百五十億円になります。たしか明治三十年頃の本山の予算が、経常部三十六万円、臨時部三十六万円だったかと思います。臨時部というのは再建費ですが、これらを合わせると、年額七十二万円です。経常部は三十六万円ですから、三百三十万円の負債は、年間予算の十年分の金額に達します。

とにかく金がないので、本山所有の土地は全部抵当に入っていたと聞いています。しかも負債の中には高利貸しの借金がありましたので、利子に追われて本当に困ったと記録されています。両堂を建てる職人の賃金を払い、材料費を払い、本山の職員の給与を払い、その上さらに借金を返済して行くのですから、大変な負担であったわけです。職人の賃金が滞ることも、しばしばであったといわれています。ごく大ざっぱな見当で、負債三百万、再建費三百万、材料費三百万で、合計一千万という巨額の金を、明治二十年代の大谷派は必要としたといわれています。明治三十年の一千万円ですから、よほど多額の金が必要だったのです。

両堂再建と負債の償却を、当時の新聞は大谷派の二大偉業として、非常にはなばなしく報道しております。読売も朝日も毎日も、明治二十七、八、九年頃の新聞を出して見れば、これの記事がしばしば載っていますが、この二つの大事業の責任を担ったのが、先ほど申した宗門の大宗政家、渥美契縁師です。

この人は本当に苦労しています。先ほど来申したような経済状態ですから、万策尽きて宗門の経営はどうにもならない。金になるもの、抵当になるものは全部処分してしまった。それで最後の手段として、政府の力を借りて返済の道を講ずるより他ないとなって、東京へ行って松方大蔵卿の所へ日参するのです。門徒に有力な政治家がおりますから、その人を仲介者として実に一カ月にわたって陳情するのですが、本願寺の宗務総長が、東京へ行っても滞在費がない。二、三人の事務員を連れて行ったのですが、時には時計を質に入れて昼食の金を工面したということもあったといわれます。渥美師の夫人は、大いに内助の功を発揮されて、主人の滞在費を工面するため、着物などをほとんど質に入れたりして、五十円、百円と送金したそうです。その金で生活しながら一カ月陳情して、やっと大蔵卿に会うことができ、本願寺の経済状態の実情を語って協力方を懇請し、松方卿の応諾を得たのですね。松方さんが三井銀行頭取を紹介してくれ、それによって銀行が、融資について努力しようということになりました。

三井銀行の神戸支店に、もと本山坊官の人が重役としておりましたので、その人が本願寺に対する融資の責任者となり、本山の経済状態を調査したのですが、とても融資の出来るような経済状態ではありません。けれども大蔵卿の紹介・依頼があるものですから、取りあえず三十万円ほど融資しよう。ただしこんな状態だから半分国債を買ってほしい。その十五万円の国債を担保にして、十五万円を融資するという形で、やっと十五万円の金ができました。それを以て高利の借金を払い、あとは先ほどの人と本山の経済状態を立て直すため、十分な検討をして借金返済の方法を考え始めたのでした。その人は本願寺のことだから面倒をみたいが、銀行の制度として無担保で無制限の融資をすることは出来ない。その辺をどうするかということが問題となった時、渥美師が非常な決意をもって提出した案が、あの相続講だったのです。しかしこれから作るのですから、いわばこれは、本願寺の信用を担保にしてくれというような話ですね。つまり、これから全国の門末にお願いして講を作り、その講金を月々集めて、それでもって融資の支払いをするという方法なのです。こうしてできたのが、相続講であります。時に明治十八年でありました。

十六　相続講

相続講はその時、二つのスローガンを掲げました。今なお生きている法義相続・本廟護持。これをスローガンにして、われわれの本廟を護持し、同時に念仏の教えを相続して行く。そのため全門末は、各村々に相続講という名の講をつくり、その講に全門徒が加入して、月に一度適宜にお講を開いて法話を聞き、座談をし、その際本廟護持のための講金を出してほしいという制度です。男子の講員は十年間に二円、女子は十年間に一円を目安にしました。十年間に二円ですから、一年間に二十銭です。つい先頃まで本山の倉庫には、この時代の相続講の受け取りが山ほどあって、五十銭、一円という、現在ではごく少額の講金の領収証がきちんと作られていたはずです。

そのようにして融資に対する返済の道を講じつつ、大変な努力をして相続講の徹底を全門末に呼びかけたのです。門末もそれによく応えまして、明治二十八年に両堂が落慶した時に結成されていた相続講の数は、一万にも上り、一カ寺一相続講よりも多い数に達していたのです。大谷派は当時七千カ寺といわれていたのですが、七千カ寺に一万の相続講が、十年の間にともかくできていたのです。

今度の同朋会の結成状況と較べてみて、この時の方が緊迫感も、法義相続の情熱も激しかったということもありますが、かなり早い普及状況だったというべきでしょう。このようにして苦心惨憺しながらも、負債の償却が次第に軌道に乗って来ます。しかし哀れなのは本山財務部で、各寺務出張所から相続講金が送られて来ますが、帳簿につけるとすぐ三井銀行京都支店に送られ、財務部はただその窓口となっているだけです。そういう状態から負債の償却が始まったのですが、これはやはり零細な金額が多いから、なかなか負債の山が崩せないのです。それで明治二十六年になっても、三百万円に達した負債が返せない。それで報恩講に全国からお参りした主だった門信徒の方に大寝殿に集まってもらい、両門跡はもちろん、本山重役が全部出て、法主自らが本山取持ちについてよろしく頼むと頭を下げられ、その後、渥美執事が涙と共に本山財政の窮状を語り、門信徒の理解と協力とを切々と訴えたのでした。

両堂再建は絶対に中止することはできず、一方借金はなかなか返済できない。出来るだけの努力はしているけれども、実情はかくの如くであるからよろしく頼むと、涙もろともに門徒の主だった人びとに訴えたのです。それで門徒の方も、本山が経済的に苦しんでいることは知っていたけれども、こんなにひどい状態だったのかということで、われわれも全面的に協力しなければということになり、その直後の二カ月間で驚くなかれ百万円を集めたというのです。莫大な金です。それで負債が二百万ほどになりますから、後は大分楽になったのですが、門徒の方が大幅に本山財務に関与するのは、この時から始まるのです。

それからもう一つ、このような募財の惹き起こした悪い面を取り上げてみますと、数百万円という莫大な現金が必要なため、宗門はあらゆる方法をとらねばならなかったのです。その時とられたのが、本山お取持に対する褒賞です。つまり本山お取持とは、本山に対する納金のことですが、本山取持に功績のあった者に、僧侶の身分である堂班と、寺格の特別の昇進を許すという方法をとったのです。露骨にいえば、僧侶の身分と寺格を売るという方法を、この時大幅に取らざるを得なかった。この事態がこの頃、大量に行われたのです。それで寺格がみんな立派になり、僧侶の位を金で売るという問題が、やむを得ずしてこの時からごく普通の現象になって来ます。そういう犠牲を払いながら両堂再建と負債の返却をやり遂げたのでした。

十七　愛山護法

ここで改めて考えてみますと、こういう無理に無理を重ねて、あの二大事業をやり遂げたことが、実は同時に教団内で意外の大きな意味をもちまして、先ほど申しました、あの本山を中心とする強力な中央集権体制の完成を、感情の面から盛り上げて行く働きをもったのです。この法義相続・本廟護持は、やがて愛山護法というスローガンに結晶して来ます。この愛山護法・法義相続・

本廟護持は、今なお生きている言葉でしょう。

数年前の混乱以来、改めて愛山護法という言葉を耳にすることが多くなりました。本山を愛し、仏法を護《まも》れ。皆さんはどう思われますか。この言葉が生きていたのは、こういう時代背景があったからです。だから本山を愛することと、仏法を護ることとは何の問題もなく一つであったのです。法義相続・本廟護持。ことに愛山護法とは美しい封建的感情ですね。武士たちが城を枕に討死を覚悟していたのと同じ、美しい感情であり、倫理です。

この愛山護法という合言葉のもとに、われわれの祖先が示した宗門愛に対しては、私は深い尊敬をいだいております。しかし同時に私は、現在の状況でなおこの言葉を無反省に声高く叫ぶことに対して、一抹の疑念がふと動くのを感ずるのです。愛山護法が間違いであるとは、決して思いません。しかしもし強いて問題を掘り起こしてみれば、たとえば同朋という言葉が表わそうとするような真宗人のあり方、すなわち一人ひとりが自らの聞法、自らの信仰生活において、自覚的に真宗を担い、仏法を生きて行こうとする姿勢に対して、この愛山護法という声高い叫び声が、どこかで妨げとなることはないだろうか、という疑念です。つまり同朋の本来のあり方として、一人ひとりが自らの生活の場で、自覚的に仏法を担い、教団を担う。そのような一つの責任と気概をもった姿勢よりも、愛山護法というと、真宗人一人ひとりの情熱が、本山の護持に収斂するという問題があるのではないでしょうか。

本山を愛するということは美しいことです。しかしそのことが一人ひとりが生活の場で真宗を担う、こういうことを自覚的に展開させることを妨げるかも知れない。そうでなかったら幸いですけれども、私はそのような疑念をふと感ずるのです。

以上のような歩みを経て、明治維新の非常に困難な状況から歩みを始めた大谷派は、明治三十年までかかって一応新しい宗門づくりをほぼ終ります。その時にできた宗門感情と宗門体制が、昭和の今日まで基本的には変わらないで継承されて来ているのです。そういう宗門の基本的体質は、今度のような事件があるとよく分かりますね。ともかくほぼ以上のようにして、明治三十年、いわば第一期の宗門づくりは終るのです。

第三講　明治教団の残した課題

一　明治教団の残した課題

1　同朋の精神の欠落

ここで改めて問い直してみなければならないことが、いくつか浮かんで来ます。それは、今申したような偉業を成し遂げた明治宗門は、どんな問題を残したかという問いです。そういうふうに問うてみますと、私にはここに三つほど問題が浮かび上がって来るのです。

第一は、同朋の精神が欠落していたこと。同朋ということが自覚的に語られるということがまったくなかった。こういう意外なことに気づかざるを得ないのです。現在では私たちは同朋会運動という経験をもっていますし、この運動が間違いだったとは決して思いません。確かにこれは、真宗にとって本来的な努力であった。同朋会運動の願いであった、「我に親鸞あり」という叫びは正しかったと思います。その立場に立って考えれば、明治の教団再形成の中で、同朋という言葉が語られなかったことは、意外なことです。これが残された問題であることは、間違いありません。

蓮如上人の教団づくりと比較してみれば、明治の教団の再編成のはらんでいた問題は、はっきりするでしょう。蓮如上人は、本願寺教団の基礎を作られた方です。非常に大きな仕事をされた人ですが、実は非常に愛情の深かった人であると思うのです。その蓮如上人一代の教化を支えていたものは、『教行信証』と『歎異抄』、ことに『歎異抄』によって触れられた宗祖のご精神であったことは間違いなく、このことは決して見落としてはならないことです。

その蓮如上人の教化というものは、あの八十通の『御文』によって現在も知ることができるのですが、『御文』の最初のもの、つまり一帖目第一通の『御文』をみますと、これは文明三年という、蓮如上人が吉崎に進出して北陸に開教を始められた年に書かれたものですが、その中にあの大規模な教化を開始するに当たっての、蓮如上人の姿勢が見事に語られています。その内容はご存知のように、在所在所に坊主がおり、そして門徒をもっているが、それはいったい誰の門徒と考えるべきかという問いから書き始められているのです。そして『歎異抄』の言葉を引いて、

「故聖人のおおせには、『親鸞は弟子一人ももたず』とこそ、おおせられ候いつれ。『そのゆえは、如来の教法を、十方衆生にときさかしむるときは、ただ如来の御代官をもうしつるばかりなり。さらに親鸞めずらしき法をもひろめず、如来の教法をわれも信じ、ひとにもおしえきかしむるばかりなりなり。そのほかはなにをおしえて弟子といわんぞ』とおおせられつるなり。されば、とも同行なるべきものなり。これによりて、聖人は御同朋《おんどうぼう》・御同行《おんどうぎょう》とこそかしずきておおせられけり。」

と記されて、ここそわれわれの立つべき場所であると懇切に、そしてはっきりと語っておいでになるのであります。

御同朋、御同行という言葉は、蓮如上人が伝えられた言葉なのです。ただに、念仏者は兄弟だというに止まらず、御という字をつけて、親しんで行かれた。宗祖の場合で申しますと、報恩講和讃の「如来大悲の恩徳は……」の一つ前の和讃ですが、

「他力の信心うるひとを　うやまいおおきに喜べば　すなわちわが親友ぞと　教主世尊はほめたまう」

これが宗祖の御同朋の精神でしょう。私が念仏を喜ぶといわずに、他力の信心を得ておられる方がある、その方を尊敬して深い喜びを共にするならば、その人びとをお釈迦さまが、わが親しき友よと呼んでくださる。このようにおっしゃっております。

だから蓮如上人ほどの偉大な法主が、おそばに仕える身分の低い人に対して、「お前と俺とは兄弟だ」といい、信をうれば先に生まれる者は兄、後に生まれる者は弟だ、同一に信をうれば、四海の内みな兄弟ではないかといって、門徒の人びとと親しんでおられた。そのような蓮如上人の姿勢は、よく「親鸞は弟子一人ももたず」という宗祖の精神を受け継いで生きて行かれた姿勢である。さすがに蓮如上人と感心させられるものがあります。

戦国時代という乱世に、あれだけの大教団を作り上げられたのですから、いろいろ問題や妥協もありましょうが、念仏者は同朋である、互いに尊敬しあうものである。仏法のもとでは、先に生まれた者が兄、後に生まれた者が弟として、互いに兄弟の交わりをもたなければならないという姿

勢、すなわち同朋の精神が、少なくとも蓮如上人の教団形成の時には、はっきりと自覚され打ち出されていたのでありました。

こういうことを話しておりますと、曾我量深先生のことを思い出すのです。親鸞聖人七百回忌のご遠忌の記念講演の際、曾我先生は「信に死し、願に生きよ」という、いかにも私たちを勇気づける言葉を残されました。本願に目覚める、そのことにおいて、自己中心的にしか生きることのできない情けない自分に死んで、法蔵菩薩の一切の苦悩する者に平安を開こうとする悲願に喚び覚まされて、その願いに順って生きようとする者に変わる。法蔵菩薩の願いに喚び覚まされて法蔵の願いに生かされる者として生きよと、親鸞聖人のご信心の非常に重要な部分を見事にいい切られた言葉であります。「信に死して、本願に生きる」もの、これが念仏者であるというべきでしょう。そういう本願の信において、大きな願いを賜わったものとして生きて行く。本願の信に生きる。こういうことを通して私たち一人ひとりが、仏法を自分の責任において担って行く。そういうのが念仏者であり、同行であり、だから同朋。兄弟あるいは同志ですから、それは志願を同じくするもの、という意味です。だから同朋とか同行というのは、一つの気概があり、情熱をもった人間像でありま す。ただ仲が好いという意味ではありません。

そういうような意味での同朋、すなわち一人ひとりが念仏者として仏法の主であるという自覚的精神を、十分に形成し展開することが、明治教団はできなかったのです。これが課題として昭和の時代まで残ったのです。その課題を今、同朋会運動として、七十年の時を経て受け継いで行こうとしているのだということになるのではありませんか。

2　僧侶集団への閉じこもり

明治に再編成された真宗教団の第二番目の問題は、真宗教団は本来同朋という理念を持っていながら、現実には僧侶集団として閉塞してゆくという問題を残しました。もちろんこのことは、今指摘した同朋の精神の欠落ということと重なり合うことなのですが、問題が大変面倒でして、簡単にはいえません。ただ、中本寺をなくして、全寺院を平等に本願寺の末寺ということにしましたけれども、末寺の下には檀家制度があります。この檀家制度というのは、徳川初期に行われた幕府の宗門改制及び寺請制という宗教政策であり、それを実行した社会制度であります。切支丹を禁止するために、全国民をいずれかの仏教寺院に檀家として所属させたその徳川幕府の宗教制度が、そのまま維持されて来たものであることは、ご存知の通りです。

明治になってから、本寺―末寺の関係のところは近代化しましたけれども、末寺―門徒の関係は、封建時代の制度がそのまま残されたのです。当然これは信教の自由を掲げた後ですからメスを入れるべき問題であったのですが、いろいろ問題があって、寺檀関係はそのまま温存して行かざるを得なかった。その上に、明治六年以後末寺の住職が姓を名のりますから、民法上の問題が起こって、寺の財産を寺の名義にするのか、住職の名義にするのかということが、大きな問題となります。今でいえば寺の私有化という問題ですが、こういう問題と重なって、私有化の傾向がだんだん色濃くなり、寺の実体は、住職＝門徒の一つの共同体として理解されるというよりも、次第に門徒は末寺の私有財産だというような形で理解される傾向が強まります。

つまりはっきりいえば、教団というのは僧侶の集団であり、門徒はどちらかといえばお客さんだという考えです。お客さんはお得意が決まっていて、法要などの必要な場合には頼みに来るというようなことになり、門徒は教団のメンバーとはみなされない。十分な資格をもった、あるいは責任をもった教団の構成員ではない。いわば門徒は教団のお客さまである。したがって門徒を大切にするというのは、お客さまを大切にするという感覚に近いものが出て来まして、そのような傾向が次第に定着してくるのです。

これは同朋精神ということとは裏腹であり、真宗教団にとっては、何か命を奪って行くような問題として残って来ます。しかしそれから百年が過ぎたのですが、この檀家制度を今からどうこうするということは、大変難しい問題であります。けれども理屈からいえば、このような問題が残されて来たのであります。

門徒が教団の責任ある構成員だという自覚を欠いた場合には、教団は僧侶あるいは住職たちの集団となり、同業組合という性格を強くもって来ます。そうなると、本山は一種の家元ということになってしまいます。なるほど、お茶の家元である千家が本願寺を手本にするのも、まことにもっともと肯けるのであり、住職の資格は家元の出す免状と同じことになって来るのです。

そういうまことに不健康な問題が、同朋の精神を自覚的にもてなかった場合に、真宗教団において起こって来るということがありましょう。これをどう克服するか。このことが大変重要な、だが大変困難な問題として残っているということだけを、今指摘しておきたいと思います。

参考までにキリスト教の努力をみてみますと、キリスト教の世界では、当面している危機を媒介として、教会の生命の復興という点で非常な努力が行われています。

その中でプロテスタントの方は、これは本来万人司祭主義ですから、牧師と信徒、仏教ふうにいえば僧侶と在家の信徒とは、本質的には何の区別もないという原則に立ちます。どちらもイエス・キリストに従う者であり、ただ職務が違うだけである。牧師と信徒とは、分担する職務が違うだけで、決して身分の違いではない。自ら福音に従うものとしては、平等であるのです。カトリックの場合でも、もとは司祭と信徒とはちょうど日本のお坊さんと信者と同じように、教えを説く者と聞く者とはっきり分けて考えられていたのですが、しかし現在では、いわゆる信徒使徒職という考えが起こって来て、信徒は司祭（神父）ではないけれども、しかし自分の生活する家庭や職場、地域社会において、やはりイエス・キリストの使徒として福音を伝達する責任を担うとされて来たのです。つまり在家の信者も、十分の意味で教会のフル・メンバーであるという考えが展開し、徹底して来ているのであります。これが現在のキリスト教が努力している行き方ですね。

これと比較してみた時、真宗教団においては、同朋という非常に立派な精神をもちながら、それをまったく自覚的には展開していないし、またしようともしない。わずかに同朋会運動がその課題を自覚し始めたということでありますが、なかなか難しい。推進員というものも、そういう課題の分担を責任をもって行おうという試みと考えられますが、なかなか難しいようですね。同朋という精神をもつ限り、僧侶として寺にいようが、在家として門徒であろうが、それは職分が違うだけであって、念仏者として、仏法に生き、仏法を求め、仏法を証しし、仏法を伝えるという点においては、平等の責任と使命がある。このことは同朋という時は、当然自覚すべき事柄であると思いますし、また過去のすぐれた念仏者のあり方は、実際にそのようなあり方をしてこられましたね。

3　近代思想の挑戦を受けて

明治の真宗教団の残した第三の問題は、先ほど申しました仕事、つまり、欧米の近代文化や思想の挑戦を受け止め、どのようにして、その中で真宗の真理性、あるいは宗教的生命を明らかにして行くかという仕事が残っているのです。いくら両堂を再建し、借金を返済しても、また本山中心の整った教団制度をつくっても、近代の思想の中で真宗こそ真に人間を救うものであることを明らかにできなければ、何にもなりません。こういう問題が何ら答えられることなく時が経っていたのです。だから、立派な両堂はできましても依然として、真宗は愚夫愚婦の宗教だという評価を脱することができない。最も大切な問題が答えられないまま残っていたのです。この問題を自己の課題として取り組んだのが、清沢満之であります。

二　同朋教団の回復を求めて

残されている問題をこのように確認して、ではいったいどのような努力を明治三十年頃の先輩はなしたのかを尋ねたいと思います。一番基本である問題は、同朋教団を模索することですね。

実は同朋という言葉を改めて使ったのは、清沢満之の時なのです。同朋という永らく忘れられていた精神を、如来を信ずるものは、皆等しく如来光明中の兄弟姉妹であるという言葉で復活させたのは、清沢満之なのです。そこから同朋教団の回復という仕事が、手探りで始まるのです。しかしまだ同朋というような精神が十分に熟すことができずに、初めはいわゆる同朋教団のイメージとは、よほど違った形を取って行われました。それは宗門に議会制度を確立して、末寺住職が宗政に主体的に参加する道を開いてほしいという要求として、まず始まったのです。こういうと、同朋教団ということと、教団内議会政治ということは、質が違うとお感じになるかも知れません。同朋教団というのは宗教的内容であるが、議会政治は政治的内容であるとご理解になるかも知れません。しかしながら、そこに先ほどから申しておりますような宗門状況がありましたので、これもやむを得なかったと、私はいわざるを得ないのです。

ただ、同朋を精神とする教団である限り、それに責任ある住職たちが、自らの教団を責任をもって主体的に担って行く、こういうことがなくてはならないのではないかと考えるのは、極めて自然でしょう。したがって同朋の精神に立つ教団を回復するという本来の宗教的な課題が、まず教団内に議会政治を確立するという政治的な課題の形で、手探りされ始めたのだというふうに私は見たいのです。

先ほどいいましたように、真宗教団が本願寺あるいは法主の大きな権威を中心として、非常に強固な中央集権体制を作って行った時期は、国家の規模でいいますと、ちょうど自由民権運動が展開されていた頃に当たります。板垣退助などが自由民権を叫んだ時期で、憲法を定めよ、議会を開けという要求が、大波のように盛り上がった頃ですね。当然真宗教団にも、その影響はあったと考えなければなりません。実際この要求は、まず本願寺派の方で顕在化します。

その頃本願寺派では、一つの突発事件が起きます。それは明治十二年、当時の西本願寺のご門跡は明如上人ですが、この方が側近に切れる人を得まして、突如として宗門の大改革案を発表なさったのです。これはあまりにも徹底した改革案でありましたために、宗門の重役はあわてふためき、門主ご謀叛、門主がクーデターを起こされたといって、全国の門末は本山に詰めかけ、かなり緊迫した状況が起きたのです。

その改革案というのは、西本願寺の門主自らが先頭に立たれ、われわれの宗門は親鸞聖人の精神によるものであるけれども、歴史の歩みの中で親鸞聖人・蓮如上人のご精神に反する垢をあまりにも多くためてしまった。それでこの際、裸になって宗祖の精神に帰らなくてはならない。こういう改革の提案をなされたのです。そのために大谷家は本願寺住職を退き、大谷本廟の留守職にかえる。お西では本廟と本願寺とは別になっています。そして本山本願寺の住職は、全末寺の住職の中から、徳行勝れた信頼のある人を選挙によって選んで決める。管長もそのようにして決めよう。そして寺格、堂班などの身分制度は一切廃止して、黒衣にかえるべきである。また、本山の中に歴代の門主の御影があるけれども、それも廃して、ただ宗祖と七高僧と聖徳太子と蓮如と、それだけあればよい。というような大変革新的というか、急進的な提案をなさったのです。

東京でこの提案は発表されたのですが、京都の重役たちはたまげて大騒動になり、収拾できない混乱にまでなってしまったのです。それで結局、天皇のご内意を頂くという形で密かに宮中から使いが来て、慎重にやってほしいという伝達があり、明如上人は不本意ながらこの提案は取り下げられるということで、事態が収まったのです。

そういう本山革正もありまして、議会制度を開いてほしいという門末の要求に対して、本願寺派は、集会《しゅうえ》という名前の宗議会を開きます。明治十四年ですが、これが仏教教団最初の宗議会であり、帝国議会が開設される十年前であります。当時の本願寺教団は非常に大きな勢力をもった大教団ですから、そこで議会政治をするというのは、非常に注目された出来事であります。一説によると、明治政府の大臣たちは、帝国議会を開設するための予行演習として、西本願寺に一度議会政治をやらしてみようということであったとの、裏話もあります。

自由民権運動の影響もあり、西本願寺の門末は、われわれの宗門の運営はわれわれ住職の手で決めるべきであるから、議会を開いてほしいという要求を本山に出します。本山重役は、宗門において最高の権威ある者は門主である。したがって門主の意向を体して宗政は行われるべきであるから、議会開設は承認できないと答えたのです。それに対して住職たちは、それは了承しかねる、もとより宗意安心の正否を判ずるのは、門主の特権であるからわれわれは口を出すことはしない、しかし宗政は、われわれ末寺住職が責任をもつべきではないのかと、強く主張したのです。

お西の本願寺観は大谷派と違って、門末の公有であって大谷家のものではないのだそうです。本願寺は全門末が、覚信尼公の譲状以来、責任をもって管理すべき本山なのです。そういう全門末の公有である本願寺で行われる宗政に、末寺住職が参加するのは当然ではないかと主張したのですね。それはいかにもその通りだということで、やがて集会という名で、宗門議会が開設されることとなったのです。

大谷派でも同じ頃に、同じ要求が提起されました。ところが大谷派はお西とまったく違って、断じて許さないというのです。その理由として、お西はどうお考えか知らないが、宗門は国家ではない。国家は国民があって君主がある。しかし宗門は法主の化導があって門末がある。したがって法主の化導がなかったら宗門は成り立たないのである。大谷派においては、法主の意向こそ最高の権威であって、宗政であれ、安心であれ、断じて門末の介入は承認出来ないということを非常に強力に押し通したのですね。

考えてみますと、その辺には本願寺というものに対する両派の考えの相違があります。お西では本願寺と本廟とはまったく別物であり、大谷家は大谷本廟を代々留守職として受け継がれるのですが、大谷派の場合は、本廟即本願寺です。西本願寺では門主は本願寺を管領するのですが、大谷派の場合は専領する。こういうような考え方が当時なされていたようでありまして、そういう東本願寺においてなされる宗政は、どこまでも法主の意向によるべきであるという原則を、東本願寺の当局は強く打ち出します。それで、そういう本山の方針に対して、大谷派の門末は、門末総会議を要求したのです。門徒、末寺が代表を送って議会を構成し、その議会が寺務総長の選出をするという、今の議会制と同じものをやってほしいと要求するのです。しかしそれが全然認められなかったために、明治十五年には大谷派に大変な紛争が起こり、その時門末総会議を要求する運動の中心になった数名の首謀者は、教団から追放になっています。そういう強行措置をとって、大谷派では議会制は容易に実現できなかったのです。

大谷派に議会制度が実現したのは、清沢満之たちが中心になって、明治二十九年、三十年にわたって行った、あの白川党宗門改革運動の結果なのですね。清沢満之先生が宗門の歩みの表面に登場して来るのは、ほぼこの頃からです。

三　歎異の心

大谷派の歩みもこの辺りまで来ますと、事態がかなり複雑になっていますから、簡単に単純化して整理することはできませんが、少なくとも清沢満之先生の登場は、大谷派の歩みの中では十分に注目しなければならない出来事です。

清沢先生は精神主義の名と共に、教団の内外に非常によく知られている人ですが、本当に近代の仏教者、つまり近代という時代の中で、自ら仏教者として生きて仏教の真理性を明らかにした人として、高い評価と尊敬を受けている人であります。非常に厳しい求道生活を送り、非常に強い信念に生きた人ですが、同時にまた、よく注意しなければならないことですけれども、自分が属した真宗教団に非常に深い責任を感じて生き、教団に深く悩んだ人であります。そして、おそらくは蓮如上人以来、初めて教団を根本的に問うた人であり、この清沢満之をもったことによって、大谷派教団はその運命を大きく変えたのであると、私は考えるのです。

ご存知と思いますが、清沢満之は『歎異抄』の発見者、つまり長い間読まれることのなかった『歎異抄』を、自分の信念確立のためのかけがえのない聖典として、非常に大切に読んで行った人です。『歎異抄』によって自己の信念を確立し、親鸞聖人の精神に触れることのできた、明治最初の人です。したがって当然のこと、『歎異抄』の精神の強い感化がありますから、自分の求道生活と、教団の一人として教団に深い責任を感じて生きるということが、まったく一つであった人です。つまり清沢先生は、教団の現実に知らぬ顔をして、一人静かに求道することができなかったのですね。自分は大谷派の一僧侶である。僧侶である限り、どこまでもまじめに求道しなければならない。と共に、宗門の僧侶として、自らの宗門のあり方に大きな責任を感ずる。こういう姿勢を一貫してとった人です。そういう責任感から、政治問題だから自分はタッチしないということは、できなかった人です。

先生の眼にうつったところによると、宗門が本山の専制的な、非常に強力な指導のもとに歩んでおり、それに対して門末は何の意見もいえない。これはどう考えても不健康だということでしょう。とにかく宗門のあり方を、もっと健康な公正な姿に返さなければならない。そのためにはどうしても本山当局の専制を廃して、門末の意見を反映した愛情ある宗政を実現しなければならない。その方法として、具体的には門末の宗政参加の道が開かれなければならない。こういうところから、清沢先生は宗門改革に身を挺することとなったのです。

清沢満之が政治的な改革運動の形をとってまで、宗門の改革に深く関わって行ったのは、実はそこに深刻な危機感があったからというべきでしょう。危機を感じさせたものは、一つは先生自身のまじめな求道心でしたでしょうが、もう一つは清沢先生に、「仏教者なんぞ自重せざるか」という言葉がありますが、その言葉がよく表わしているような、大谷派の一僧侶としての深い責任感、それからさらに、明治の東京大学に学んだという、すぐれた知性ないしは世界的な視野というものであったでしょう。

先生が関係した明治三十年頃の宗門は、外部からのさまざまな圧力を一応回避して、内部の難問題であった両堂再建、負債返済もほぼ終り、ともかく統一ある強固な集団として再編成を終った時期です。やり遂げねばならぬことをやり遂げて、万万歳という時期です。必ずしもいきり立って、教団改革を叫ばなければならぬという事態ではなかったという見方もできる時期です。つまり伝統的な宗門感情に立てば、むしろ安泰し、繁栄する宗門であったのです。

しかしひとたび世界とか、人類とか、日本民族が遭遇したヨーロッパ文化という異質の文化の挑戦、その中で真宗を語り、真宗が真理であるということを明らかにしなければならないという課題に立てば、どうすることも出来ない深刻な危機があるという事態です。

今でもそうではないでしょうか。今のところ宗門は一応平穏になりましたから、これでよいのだといえば、平和な宗門があります。しかしこの荒廃した社会の中で、どのようにして親鸞聖人の教えを証しするか。どうして本願の仏道が、本当に人間であることの尊さに目覚めてゆく大切な道であることを世に伝えるか。要するに、親鸞聖人の浄土真宗の積極的な意義を、現代の社会に明らかにしようとする願いに立てば、今度は絶望的なほどに衰弱し、老化して気力を失い、色濃い無関心の中に崩壊しつつある教団が浮かび上がって来ます。だから危機と感ずるか感じないかということは、その人がどういう課題をもっているかによって決まってくると思います。少なくとも清沢満之は、当時二大偉業をやり遂げて世の称讃を受けている宗門に対して、絶望的な危機を痛いほど感じていたということです。

けれども満之は、たとえどのような退廃と混乱とがあるにせよ、宗門に対しては揺らぐことのな

い信頼と尊敬をもち続けるのです。そのことに、私は非常に教えられるものを感ずるのでありま
す。
教団の問題は非常に面倒なものでありますが、私たちが教団ということを本当にいうことができるとすれば、それは帰依僧ということがあって、つまり自分にとって教団が帰依され、尊敬されるべきものだという姿勢があって初めて、私たちは教団についてものがいえるのだと思います。
誤解があってはいけないのですが、私が教団を帰依するものだというのは、法主に帰依せよということではないのです。そうではなくて、親鸞聖人の教えによって、本願の仏道を自己のいのちの依り所として求め、そしてそれによって生きておられる本当に尊敬すべき人びとを、私はこの教団に見出して、そのような教団を自分はかけがえのないものとして、深く尊敬する、こういうことです。自分は教団をどんな混乱があっても尊敬し、信頼する。わが大谷派の名が表わす教団には、本当に尊敬すべき念仏の先輩がおられる。同志がおられる。こういう人びとこそ、自分の宗教生活を励ましてくださる大切な人であるという意味で、自分にとって教団はかけがえのないものであるという意味をもっています。教団といった時には、教団とはこのような意味をもった場所であってほしいと思うものがあるのですね。

四　宗門の使命

清沢満之はそういう帰依僧の心を、宗門に対して深い信頼と尊敬と期待とを託するという姿勢で

表明します。どのような期待と信頼をもったかと申しますと、だいたい次のようなことになりましょう。

明治の頃日本は、東洋の文化と西洋の文化とが劇的な出会いを遂げて一種の混乱状態にあるが、その中からわが日本民族は新しい世界的文化を創造してゆく責任があるというのです。人類の未来を開くような新しい文化を、われわれ日本人は創造してゆかねばならない。そういう大きな課題を担った時に、われわれ真宗教徒は何をもってその仕事に参加すべきであるか。その時に真宗教徒がなすべきことはただ一つである。それは本願の教えが自己自身の安心、わが民族の安心、世界人類の安心を求める源泉となる、つまり人間の宗教的自覚を開く場所になるということを証することです。人間が宗教的な自覚に目覚めるということは、決して個人の小さな出来事ではなく、本願に救われるということを通して人間全体が救われる道を明らかにするという意味をもつ。

真宗の教団は、そういう宗教的自覚を開く場所として、大切な意味がある。これが真宗の責任である。あれこれやる必要はない。ただ一つ、人間が宗教的自覚を開く場所にわが真宗教団はなるべきである。そのためには教団は全力をあげて教学を明らかにする。すなわち自らが本願の教えを学び、それを自分の生活を通して世に灯として捧げていくことに力を尽くさなければならない。もし教学を忘れたら、宗門が世にある意味はなくなってしまうこととなる。

要するにこのように、清沢満之先生は、真宗教団がその天職として、人類の信念確立の源泉になる。すなわち、教団が、人間の、あるいは民族の宗教的自覚を開発して行く場所になるというところに、教団の天職があるのだという確信として、教団に対する深い帰依の心を表明したのだということができるのであります。

宗門は募財機関では決してない。本願の教えを人間の灯として世に捧げていく。その一点に教団の存在理由がある。教団は何をさておいても、その一点に全力をあげて取り組まなければならないのです。そのことは今日でも何ら変わることのない、宗門の責任であろうと思います。

しかし残念なことに宗門の当路者は、そういう民族の宗教的自覚を開いていくという天職をすて顧みない。ただ大きな本堂を建てた、たくさんの借金を返したというようなところで満足して、それを自慢にしてあぐらをかいている。世の中に何の意味ある貢献もできないで、ただあるだけだということは、宗門にとって致命傷である。世の中にあって意味がないだけでなく、害を及ぼすような形で教団があったら、悲惨の極みである。こういう一つの危機感に促されて、清沢先生たちは教団が果たすべき天職を、ひたすらに教学を興すことによって実現しようと願って、教学を命とするような宗門に、衿を正して帰るべきであるという努力を開始したのですが、事情が未だ熟さずに、その努力が当路者によって退けられてしまうこととなったのです。それで宗門の天職の実現を妨げるような宗政とは、いったい何だ。こういう昂然たる感情の高まりから、清沢先生たちはあえて教団改革を叫び、ついに渾身の力を奮って改革運動に身を挺して行ったのであります。

五　白川党宗門改革運動

明治二十九年、三十年にかけて、白川党の宗門改革運動が展開されたのでありますが、その宗門改革運動の中心になった要求は、末寺会議と門徒会議の開設であります。これは先ほど触れました、議会制度を確立しようとの要求です。これを実現するために、清沢満之たちは全教団人にこのことを訴え、それに呼応して三百人ばかりの同志が参加し、大谷派事務革新全国同盟会というものが結成され、宗政改革を法主に請願したのです。

いつの時代でもよく似たことを考えるものだと思いますが、この請願運動のために、京都の六条辺りは騒然となります。全国の新聞すなわち毎日、朝日、読売等はほとんど連日、この運動を半年間にわたって報道しております。そして運動の結果、この議会制度の確立を中心とした宗政改革を是非やってほしいと、請願書に署名した人数は二万人に達し、請願書を積み上げると三尺の高さに達したということです。それを持って改革派の代表が本山に行き、法主に面会を求めたのですが、「多人数では困る」とのことで、いろいろ交渉したが、なかなか埒《らち》があかない。実に一カ月交渉を続けた後、結局十人ほどの代表が大寝殿で法主にお目にかかって、改革請願書を法主に提出したのです。その時の代表者は、加賀松任の松本白華氏と姫路の後藤祐護氏で、改革意見をもつ住職を代表して請願書を法主に提出したのです。しかし即日、清沢満之ら責任者六名は、改革運動の責任を問われて、教団除名の処置を受けたのです。

このようにして、教団内の革新を要求する大きな世論を背景として、議会政治の開設を中心とする宗門改革を求めたのですが、本山は、容易にこれを認めません。西本願寺はすでに議会を開設しているのに、いったいどこに差し障りがあるのか。何故宗門の運営に、末寺の住職が参加することがいけないのか。これらの改革派の質問に対して、本山側は、「奥のほうのご意向であるから、どうしてもダメである」というだけです。当時の雑誌を見ますと厳如上人の遺言として、大谷派の特殊な歴史と相容れないから、議会制度は許してはならないといわれたと伝えられています。それは故星谷総長の言葉を借りるなら、大谷派の風土に合わないからであるというわけでしょう。法主のご意向により大谷派では議会開設は許さないというわけです。

そこで清沢満之たちは、意外なことを聞くものだ。法主とはいったいどういう方であるか。法主とは宗門の師主ではないのか。宗門の師主である方は、われわれ全門末の行動の鏡とならなければならない方である。その方のいわれる言葉は、われわれを信仰に目覚めさせるものであり、そのなさる行動は、われわれ全門末の手本になるべきものである。そういう方が宗政に関して、議会政治は許さないなどと、そんなことをいわれるはずがない。これは当路者が法主の名を借りて、自分の意見をいっているとしか了解できない、ということになり、この大義名分を掲げて清沢先生は、有名な「師命論」という論文を発表します。

法主である方のお言葉や行動は、いかなる場合にわれわれが従うべき権威があるのか。法主である方の行動はいつでも無条件に正しいというわけにはいかない。少なくともはっきりといえることは、法主は公人であり、師命は公明正大でなければならない。たとえ門末の間に宗政に対する意見の相違があり、一方は専制政治がよいとし、一方は議会政治がよいとしたとしても、法主から見れば、共に親鸞聖人の門弟として平等であるはずである。

このような極めて健康な主張をしている論文が「師命論」であります。法主が公人でもなく、宗門の師主でもないというのなら話は別であるけれども、宗政に対していかなる立場をとる者からも、師主として仰がれるならば、何よりもまず法主は公人として公明正大でなければならない。このようなことを、明治三十年頃に清沢先生は声を大にして叫んでいるのであります。

そういうことがあって、やっと明治三十年に、白川党宗門改革運動の成果として、「議制局」という名前で大谷派に宗議会ができました。議員定数六十名。半数は本山が任命し、半数は組長が互選するという形で開設され、宗制寺法の上で承認されます。この議制局の議員を、賛衆と呼びました。これが大正十年代になってから「議制会」と名称が変わり、議員も三分の一が特選、三分の二が公選となります。その後、昭和四年に制定された宗憲によって、「宗議会」という名称に変わり、全員選挙という形になります。

このように大谷派の議会制度の始まりは、明治三十年の清沢満之たちの改革運動の時であり、大変な犠牲を払ってやっとできたのであります。この時に主張されましたことは、改革運動の主張ですから、政治的な色をおびていますが、しかし単に政治的というだけでなく、道理でもあったわけであります。つまりその主張とは、全門末の代表が、教団の運営に責任をもって参加する道を開いてほしい。教団人が主体的に宗政に参加したいということです。それから、法主は公人であって私人ではない。だから公明正大でなくてはならない、という主張です。これは道理です。

六　三宝に捧げられた教団

真宗の教団は、だれかの教団というのではない。いうなら仏法の共同体です。仏法の共同体でありますから、仏法という公の場にあっては、人は皆、上もなければ下もない。一人ひとりが自己の信心において、仏法に生き、仏法を喜び、仏法を担って行く。その信心の自覚において和合する、そういう場所が教団であります。したがってわが大谷派という教団は、どこまでも三宝に捧げられた教団であって、だれかのものというわけにはいかないのです。法主のものでもなければ、住職のものでもないし、門徒のものでもない。仏法に捧げられ、人間の救いの頂かれる場所として捧げられたものとして、この世に存在する集団が教団なのであります。

そういう仏法の共同体であるということを、政治運動の中で議会であるとか、公人としての法主であるとかという形で、清沢先生たちは手探りをしていたのだと思います。しかしそういう手探りを通して初めて、真宗の教団が三宝に捧げられた仏法の共同体であるという精神が、次第にはっきりと自覚されて来たのでした。果たして改革運動がほぼ終った頃、清沢先生は今いったような教団の見方を、次のような言葉で発表しています。七十年前の言葉ですけれども、今の宗門状況の中で、私たちがいろいろ考え発言している教団観よりも、はるかに確かな見解です。少し長い文章ですが、引いてみましょう。

「試みに問う、大谷派なる宗門はいずれのところに存するか。京都六条の天に聳ゆる巍々たる両堂と、全国各地に散在せる一万の堂宇とは、以て大谷派となすべきか。曰く否。これらは火以て焼くべきなり、水以て流すべきなり、何ぞ以て大谷派とするに足らんや。宗門なるものは、水火を以て滅すべきものに非ざるなり。然らば、かの三万の僧侶と百万の門徒とは以て大谷派となすべきか。曰く否。彼等はその名籍を大谷派に懸けつつあるに相違なし。而も単にその名籍を大谷派に懸けつつあるの故を以て、直ちに指して大谷派となすを得ば、今日の真宗は祖師時代の真宗よりも、蓮師時代の真宗よりも遙かに盛んなりというを得べし。何となれば、今日真宗に名籍を懸くる者は、祖師時代、蓮師時代よりもその数遙かに多ければなり。而もかくの如き名籍上の多寡を以て宗門の盛衰を判定するは、識者の取らざるところなり。然れば則ち、かの三万の僧侶と、百万の門徒とは、また未だ以て直ちに大谷派となすに足らざるなり。それかくの如く、巍々たる六条の両堂、すでに大谷派となすに足らず、地方一万の堂宇、すでに大谷派となすに足らず、三万の僧侶、百万の門徒、また直ちに大谷派となすに足らずとせば、大谷派なるものはそもそもいずれのところに存するか。曰く大谷派なる宗門は、大谷派なる宗教的精神の存するところに在り、豈に人員の多寡を問わんや。豈に堂宇の有無を問わんや。はた豈にその顱を円にし、その袍を方にすると否とを問わんや。いやしくもこの精神の存するところは、即ち大谷派なる宗門の存するところなり。而して、大谷派なる宗門の盛衰は、実にこの精神の消長に外ならず。」

このように、実にはっきりといい切っているのであります。

これは非常に正確な教団の理解ではないでしょうか。大谷派という宗門は、いったいどこにあるのか。それは、大谷派なる宗教的精神のあるところに、確かに現前しているのだ。人が多いとか、少ないとか、僧侶であるとか、ないとか、そういうことは何の意味もない。問題はただ一つ、大谷派なる宗教的精神があるか、ないか、そのことだけである。こうして、教団という問題はすぐに信仰という問題に帰るのであります。信仰がなかったならば、教団はその生命をすぐに失って、教団と呼ばれる制度があるだけです。しかしたとえ二人であり、三人であっても信仰が生きて躍動しているならば、そこに教団が与えられているのである。念仏の和合僧が開かれてあるのだと、だいたいこのようなことを、清沢先生は真の意味で教団があるという最少必要の条件として、はっきりといい当てたのでありました。

この発言は七十年前の言葉でありますから、多少註釈をしてみますならば、大谷派という教団を現前させるものは、大谷派なる宗教的精神といわれたのですが、宗教的精神すなわち信仰に、何故大谷派なる、という限定をつけたのでしょうか。このことが一つ注意しなければならないことでしょう。それについては、清沢先生が今の大谷大学の前身である真宗大学を、明治三十四年に東京の地に開いた時の、「開校の辞」というものが想い起こされるのです。その「開校の辞」の中に、

「本学は他の学校とは異なりまして宗教学校なること、殊に仏教の中において浄土真宗の学場であります。すなわち、我々が信奉する本願他力の宗義に基づきまして、我々において最大事件なる自己の信念の確立の上に、その信仰を他に伝える、すなわち自信教人信の誠を尽くすべき人物を養成するのが、本学の特質であります。」

と述べられています。ここで、われわれが信奉する本願他力の宗義というのは、親鸞聖人の教えということです。注意をしたいのは、この親鸞聖人の教えというものは、もちろん『教行信証』に明らかにされているのでありますけれども、単にそこに書いてある、つまりいわば教義としてあるのではなくて、その親鸞聖人の教えを聞法し、その教えを頂き、その教えにたすけられて多くのわれわれの祖先や先輩方が生きて来られた、という事実であります。そういうわれわれの先輩たちの聞

法によって、親鸞聖人の浄土真宗が世の灯であることが証しされ、私たちもまたそれに励まされて、親鸞聖人の教えに触れることができる、そういうご縁があります。そのように、親鸞聖人の教えを自分自身がそれに生きるという形で、今の私たちにまで伝えてくれたのが、大谷派という名をもった宗門であった。だから清沢先生が、大谷派なる宗教的精神といわれたのは、大谷派という名で表わされているわれわれの先輩・祖先たちが受け継いで来た本願他力の教え、つまり親鸞聖人の教えによって頂かれた信心、というように考えるべきだと思うのです。

われわれの祖先たち、先輩たちの求道聞法があるからこそ、われわれは現在親鸞聖人の教えに、直接生き生きと触れることができるのです。そういう先輩の聞法なくしては、私たちは容易に宗祖のあの高い思想にうなずくことはできないでしょう。そのように、われわれに先立って大谷派の宗門人として、親鸞聖人に縁を結ばれた方々に深い尊敬を払いながら、その大谷派の名が表わす教団の伝統に深い恩徳と謝念とを感じながら、その大谷派なる教団が責任をもって伝承した本願の教えによって、開いて頂いた信心のあるところこそ、大谷派という教団があるところだと明言したのであります。

本願の信心があるところにこそ、本願の教団——これが真宗教団の面目ですね——がある。分かり切ったことのようですが、本当に大事な発言です。いったい、信仰を得るということは、われわれの人生における最大の問題であります。信仰に目覚めることがなかったならば、自分の人生全体は遂に無意味に終ってしまう。どのような人生を送ろうと、ひとたび本願に目覚めることができたならば、自分の人生全体が本当に有難いものとして、わが人生ながら尊いものとして、頂くことができるに違いないのです。その意味で、自分の人生を根底から意味づけることができるか、一生を無意味なものに終らせるか、ひとえにそれは信心を頂くか否かにかかっております。

その本願の信というものにつきましては、さらにくり返して申し述べますが、曾我量深先生は「信に死し願に生きよ」と叫ばれたのであります。本願の信において、自分の都合を考えてしか生きることのできない自我の心をひるがえし棄てて、あの一切の恐れと懼れの中に生きるもののために、大安となろうと誓われた法蔵菩薩の願心に目覚め、それに順って生きる者となれという、激しい情熱をたたえた叫びですね。それが本願の信のいのちでありましょう。つまり、本願の信とは、自分自身が本願に救われて、そこに大きな喜びと平安とを頂くだけではなくて、その本願の信を他の人に伝えたいという願いを、必ず起こすのであります。だから信仰は、必ず自信教人信という形をとります。これが本願の信の姿です。自分の救いの喜びを、他の人びとと共にしたい。他の人びとと共にこそ、自分も救われるのだという自信教人信こそが本願の信であり、その自信教人信の道に誠実に生きようとする心こそが、本願の信であるといわれたのであります。

本願の信を私の中に閉じ込めないで、私が法蔵の本願に喚び覚まされ、それに励まされて生きる。この信の道は人類普遍の道であり、この道においてこそ、私もあなたも共に初めてこの人生の深い意義と尊さとを頂くことができる。そういうものが、清沢先生が大谷派なる宗教的精神という言葉で語られた、本願他力の教えによって獲得された宗教心の内容ではありますまいか。

この大谷派なる宗教的精神のあるところに、われわれが本当に帰依することのできる、大谷派という宗門はあるのだという立場が、清沢先生によって切り開かれたのであります。私はこの教団観は、蓮如上人が、「一宗の繁昌と申すは、人の多く集まり威の大いなることにてはなく候。一人なりとも、人の信をとるが一宗の繁昌に候」といわれたあの教団観を受け継ぐものだと了解するのですが、僧侶であると門徒であるとを問わず、人数の多いと少ないとを問わず、寺の有無、本山の有無さえ問題にせず、いやしくもこの精神つまり本願の信のあるところ、そこが大谷派なる真宗教団のある場所だと叫んだこの叫びには、高らかな気概が溢れています。

一人の大谷派の僧侶であるということに、深い責任を感じて生き、その身に感じた歎異の心に動かされて、因習化した宗門の権威に勇敢にも挑戦し、その中から闘い取られた、いわば野に立つ気概に溢れた教団観ですね。そこにあるのは、宗門の権威などに無批判に盲従するのでなく、一人ひとりが本願の信を賜わった者としての深い謝念と確信に立って、自分の信心の感ずる深い責任感の中で、浄土真宗を担って行く。一人ひとりが本願の信の自覚において、浄土真宗を責任をもって担って行く。

注意しておきたいのは、一人ひとりが浄土真宗という仏法を担おうと願うのであって、教団を担うというのではない、ということです。本願の教えこそ人間にとってかけがえのない宝だ、世の灯だということを、自らの求道生活で証しし、世に伝えて行く。それが教団がこの世にある意味であり、一番大切な使命ですね。この使命を果たそうとするところに、教団が初めて本当の教団となるはずです。だから自信教人信という形で、仏法を担って行こうとすることによって、教団が教団として生きて来るはずです。だから教団護持は大切なことですが、それをただご本山お取持というような意味だけで考えていましたら、まさに本末顚倒ということになるでしょう。

このように尋ねて来ますと、清沢先生が闘い取った、「大谷派なる宗門は、大谷派なる宗教的精神の存するところにあり」という言葉で表わされる教団観は、何か親鸞聖人のご精神を回復して来るような、非常に大切な意義をもったものであることが、次第に分かって来るように思われます。これを、先に問題を指摘した愛山護法という言葉が表わす宗門観と較べてみれば、それがいい意味で近代的な教団観であることは、すぐ分かる通りです。そうして実はこういう教団観こそ、同朋会運動が立つべき教団観だと思われるのですが、現在の同朋会運動がどこまでそれを自覚的に探り当てたか、やはり不十分だったのかも知れません。しかしともかくすでに明治時代に、このような非常に積極的意味をもった教団観が、真宗教団の本来である同朋の精神を回復する先駆的努力として、はっきりと清沢満之先生によって獲得されていたのであります。私はこれを、同朋会運動にとって非常に貴重な遺産であると了解しているものです。

最後に、近代思想と文化の挑戦の中で、浄土真宗の真理であることをどのようにして明らかにして行くか、という課題が残りましたが、この課題への真剣な取り組みを開始したのが、やはり清沢先生の求道であったのです。

こうみて来ますと、われわれの教団はほとんどあらゆる面で、清沢満之先生に大きな恩徳を負うていることが分かります。先年曾我先生が大谷大学の学長になられた時、就任の挨拶に龍谷大学を訪れられたのですが、挨拶の席上開口一番、曾我先生は龍大の方に、「あなたの学校と私の学校とは違います。あなたの学校には、清沢先生はいなかったでしょう」といわれたので、龍大の方はあっけにとられ、困惑しておられたという話を聞きました。やはりその通りで、清沢先生という方は、現代の真宗にとって何か決定的な意味をもった存在という外はないのでしょう。

何といっても清沢先生は、近代ヨーロッパの思想によって自己を作った人です。当時の日本の代表的知性の一人ですね。徳川時代と違って、強い自己主張、自我の自覚に立っている近代思想に触れた人間が、どうして本願他力への絶対随順を説く真宗の教えに救われるのであるか。そもそも如来は、本当に私を救うのであるか。こういう浄土真宗の宗教としての根本問題が、清沢先生の求道上の大きな問題となります。すなわち近代の思想を媒介として、親鸞聖人の教えに本当にうなずくという道に、自己を捨てた人が清沢満之であったのです。もちろん清沢先生一人で、近代ヨーロッパ文化の挑戦の中で真宗の真理性を輝かし切ることができた、ということはできませんけれども、しかし私たちにとって現在まさに課題である仕事に取り組む道が、清沢先生の求道の努力のところに確実に始まっていることは、確かにいうことができます。

その仕事が清沢先生の後、暁烏敏先生、曽我量深先生、あるいは金子大榮先生という方々によって受け継がれて来ました。それがいわゆる浩々洞《こうこうどう》の伝統と呼んでよい、一つの大切な伝統なのですが、浄土真宗本来の大切な内容を、どのようなものとして開顕してくださったかについては、この講話の最初に概略申し上げた通りであります。

最後にもう一度念をおしておきたいことは、清沢先生は『歎異抄』によって親鸞聖人の信仰に触れることができた、ということです。そして『歎異抄』は、信仰の問題と教団の問題とを決して分けない。一つにして問題とするという、非常に貴重な道を開いている本だといえます。

大谷派の近代の歩みというものは、今申しましたように『歎異抄』を一つの軸として、清沢満之という人の非常な苦しい闘いによって、混乱した宗門の中にあっても、私たちが何か確かな方向と自信とをもつことのできる道が開かれ、伝統となったという大切なものをもっています。

同朋会という私たちの課題も、さかのぼればこの辺のところに、教学上あるいは教団史上の出発点があるかと思います。それで、私自身の課題としても、現代における浄土真宗の僧伽の回復という願いをもった、一つの大切な努力と評価することのできる同朋会運動につきまして、それがどのように課題としてさらに担われて行くべきであるのか、それを先輩の苦闘を鏡としながら、皆さんと共に力を合わせて取り組んで行きたいと思っているものであります。必ずしも同朋会運動を盛んにするというのではなくて、親鸞聖人の教えこそ、われわれが本当に救われる道であるということが、自他共にはっきりとうなずければよいのであります。教団を盛んにするという関心ではなくて、浄土真宗に生き、浄土真宗を証しするという本質的な課題を、誤りなく受け止めて行きたいと思います。

第四講　浩々洞とその展開

一　はじめに

ただ今、この会合（昭和四十九年同朋会推進員全国集会）のお世話をなさっている亀井鑛氏から、ご丁寧なご紹介にあずかって恐縮に存じております。昨年の一月末、名古屋別院で二日間にわたって同朋会の推進員の皆様方のなかで、東京・大阪・名古屋の三都市におられる推進員の方々の交流研修会が催されたのですが、その折ご要望がありまして、大谷派教団の近代における歩みの概略をお話し申したことでありました。一年後の今日、さらに三都市の枠をこえて、全国の推進員の皆様方がこういう会合を自主的におもちになり、私たちの先輩の歩みを改めて共に学んでいきたいとのことであり、そのことを承わって、皆様方のご努力とご熱意に改めて深い敬意を表することでありま す。

今回は昨年の主題を受けて、近代以後現代にわたる大谷派の歩みを尋ねていきたいと思います。先回は明治維新から清沢満之先生の宗門改革運動までの、いわゆる教団の近代史を尋ねたのですが、その近代の歩みを見ていく視点として、『歎異抄』、すなわち清沢先生によって改めて日本人が、親鸞聖人のご信心に生き生きと触れていくことのできる聖典として選び取られた『歎異抄』を視野の中心において、教団の歴史を尋ねてきたのでありました。

今回はそれ以後の教団の歩み、すなわち清沢先生が日本の宗教の歩みの上で、非常に大きな足跡を残された仕事である浩々洞の精神主義運動、この仏教復興運動から、現在の私どもの教団が大きな願いのもとに展開している同朋会運動、この二つの信仰運動の間の七十五年間にわたる大谷派の教団と教学の歩みというものを、ご一緒に学んでいきたいと願っております。

二　真宗大学の開設

先回は、同朋会運動を生み出した遠い背景として、清沢先生によって改めて読み始められた『歎異抄』のもつ大切な意味ということに、私は言及しました。あの『歎異抄』によって改めて呼びさまされた「歎異の心」です。すなわち親鸞聖人のご精神に照らし、親鸞聖人のご信心を鏡として、われわれ自身の宗教生活を、これでよいのかとまじめに反省するその態度です。

自分の宗教生活が、あるいは人間としての生き方が、いかにも親鸞聖人のお心に背いている、適っていない。そういうことに対する深い悲歎、これではいけないというまじめな自己批判、それが『歎異抄』を読む者に自ずと呼び起こされてくる大切な心だと了解するのですが、それが実は同朋会運動の根本姿勢ではありますまいか。われわれは真宗の門徒として、本当に親鸞聖人のご精神に生きようとしているのであろうか。こういう重い、まじめな課題をもった同朋会運動が、歎異の心から呼び起こされてきたのではないでしょうか。そうすると、親鸞聖人がたとえば『歎異抄』のなかで、「親鸞は弟子一人ももたず候」といわれているのですが、念仏者の一人一人が、如来の御はたらきのなかで念仏者として新しい生命をいただいて生きておられる。その念仏者を御同朋・御同行と呼んで深い尊敬と連帯とを感じながら、親鸞聖人は生きていかれたのですが、あの同朋の精神を真宗教団の本来の生命として回復していきたい。こういう願いとして同朋会運動は発足したのだと、先回は尋ねたつもりでした。

さて改めてこの同朋会運動の源流を尋ねてみる時、私は遠く明治三十三年に東京の地に開かれた一つの学塾浩々洞に、注意しないわけにはいかないのです。ところでこの浩々洞を尋ねるためには、さらに明治三十四年、清沢先生が非常な情熱をそそいで東京の巣鴨に開設された真宗大学というものを、想い起こさないわけにはまいりません。今の大谷大学の前身である真宗大学、これを新しく東京の地に開設するということが、先回にも尋ねたあの白川党宗門改革運動の呼び起こしてきた課題であったのです。

白川党の改革運動の際に、われわれの教団が本当に教学を大切にする、そして本当に親鸞聖人のご精神を生かし、そのご信心に生きるような教団でなければならないという、いわゆる教学中心の教団を実現したいという願いをもって、宗門改革を叫ばれたのでした。しかしながらこの願いは、宗門の伝統的体質の壁に突き当たって、容易に実現できない。そこに先生が、政治的な改革運動を放棄なさった理由があります。

それに関して、有名な話が伝えられています。それは河野法雲先生が清沢先生に向かって、「何故先生はあれだけ熱心に改革のことを叫ばれ、またあれだけの賛同者を得て力を結集しながら、改革運動を途中で止めてしまわれたのですか」と尋ねた時、清沢先生はそれに答えて、「自分も中途半端だと思わぬことはないけれども、しかし反省してみると、大事なことを自分は見落していた。それは、いくら本山を改革しても、少部分のものがいくらあがいても駄目だ。むしろ天下七千ケ寺の末寺がもとの通りであったならば、折角の本山の改革も何の意味もない。このことに気づいたから、自分は政治的な改革運動は一切これを放棄したのである」と語られた事実です。

これは非常に教訓的なことではないでしょうか。そこに自覚的に把握されてきた、この一派――天下七千ケ寺の末寺――を、本当に真宗の教団に変えていく仕事を、どこから始めていったらよいか。その第一の着手が、清沢先生の教育者としての情熱を傾けての青年僧侶の教育であり、その願いに立って真宗大学を開設するという形で、この課題に改めて取り組むという仕事が始まったのでした。皆様はどうお考えになりますか。清沢先生には、何遍も申しましたように、自覚的には歎異の心、もっと広くいえば仏教復興の願いが激しく動いておりました。たとえばあの白川党改革運動がほぼ終ったころに書かれた有名な文章に、「仏教者なんぞ自重せざるか」というのがあります。仏教者よ、何故に仏陀の大法を自ら生きなければならぬ重い責任を自覚しないのかという、清沢先生の歎異の言葉です。それがそのまま、仏教復興の叫びでもあったのですね。そしてその仏教復興の仕事を、真宗大学を新しく開くという形で始めようとされたのでありました。

そのころ、日本で名実共に大学であったのは、明治十年に開かれた東京大学と、明治二十年に開かれた京都大学と、この二校だけでした。日本の文化の最高の水準をふまえながら、新しい日本を形成する仕事を担っていく青年を養成するこの二つの大学、それに伍し、それに負けないような高い水準の仏教の大学を開設しよう、こういう抱負を清沢先生はもたれたのではないでしょうか。

明治三十年代の仏教といいますと、封建の遺制ともいうべき古いもの、近代の教養人が信ずるに足らぬもの、ことに真宗の教えなんかは、念仏すれば死んでから極楽に生まれるとか、あるいはこの世で悪いことをすれば地獄に堕ちるとか、その程度の理解しかされていない、全体として非常に低い評価のなかに投げ出されていました。そういう状況のなかで、本当に仏教の復興を果たしとげようとすれば、近代の思想・知性というものに堪え、近代の知性に鍛えられた高さで、仏教の真理性を明らかにしていかなければならない。そのためには、本格的な大学が要る。真宗大学とは、そういう課題を担うべき学場であるといってよいのでしょう。

仏教とはただ感情的に有難いというだけの弱いものではなく、確かな真理である。そのことを明らかにしなければならないという願いが、本格的な文科の大学のレベルをもった大学を開き、そこで学ぶまじめな青年が求道心に目覚め、仏法を担っていく人間になってほしいという形で具体化したのであります。これは私は極めて高い識見であろうかと思います。

明治三十四年というと、二十世紀の初頭でしょう。二十世紀の始まりとともに、こういう努力が始まった。これは歴史的にみても、非常に大切な意味をもつ仕事であります。もっとも真宗大学といいましても、当時大学は東大と京大だけですから、実際は専門学校なのですが、その開校式に、歴史に残る有名な挨拶がなされました。それは、

「本学は他の学校と異なりまして宗教学校なること、殊に仏教の中において浄土真宗の学場であります。すなわち、我々が信奉する本願他力の宗義に基づきまして、我々において最大事件なる自己の信念を確立の上に、その信仰を他に伝える、すなわち自信教人信の誠を尽くすべき人物を養成するのが、本学の特質であります。」

こういう言葉での挨拶でした。これは非常に意味の深い挨拶ですね。真宗大学は、浄土真宗の学場である。すなわちここに学ぶ者は、親鸞の教えを通して仏陀のご精神というものを学んでいく学徒である。その要点は、われわれが自己の信念を確立することは、われわれの人生における最大の出来事でありますが、われわれが人間として生きていることの大切な意味に目覚める、つまり私の人生を尊い人生であると頂くか、それともついに無意味な、空しい人生であったという悲しみとともに世を去らねばならないか、そういう、人間として生まれてきた意義を賭けるような大切な出来事が、信念の確立であります。その場合、この信念の確立ということは、ひとえにわれわれの宗祖である親鸞聖人の本願他力の教えによってのみ、われわれのような凡夫には可能である。その親鸞聖人の教えによって獲得された信仰とは、自信教人信の誠を尽くす、そういう願いを人間に呼び覚ましていくような信仰であるということです。

だからこの「真宗大学開校の辞」を読んで私が感ずるのは、親鸞聖人の教えによって学問をし、人生を問い、自己を学んでほしい、そのことによって浄土真宗を背負っていくような自覚的な仏教者の誕生、この願いを清沢先生は真宗大学にかけられたのだということです。言葉は不十分ですが、これだけ申しましても、激しい仏教復興の願いが息吹いていることは、お分かりいただけると思います。

三　浩々洞の成立

この真宗大学の開設という仕事に取り組んでおられる清沢先生を慕って、京都の高倉大学寮で先生の薫陶をうけた若い青年学徒が何人か集まってき、清沢先生のお住いを場所として、共同生活が始まったのでした。それが浩々洞と呼ばれた、ひとつの学塾です。

最初にここに集まったのは、暁烏敏・多田鼎・佐々木月樵先生で、大谷派の近代から現代への展開のなかで、それぞれに大きな仕事をなさり、われわれが非常に大きな恩恵をうけている人たちです。さらにここから、曽我量深・金子大榮・加藤智学その他のすぐれた先輩方が輩出されたのでした。ちょうど幕末に、長州の片田舎の粗末な小屋で、しかも明治維新を背負って立った青年たちを育てた松下村塾の面影が、そこにはありました。浩々洞の名物は、議論と高笑いであったといいます。小さな私塾、宗門も国家も誰も援助しないこの浩々洞から、現代の真宗を担っていった英傑が育っていかれた、これは非常に感動的な出来事ではないでしょうか。

浩々洞で行われたのは、毎日曜日の日曜講演と、毎月の『精神界』という雑誌の発行でした。日曜講演は、たとえば暁烏敏先生はまだ二十歳代の青年ですし、非常に感情豊かな方ですから、情熱をこめて長広舌をふるわれる。その後に清沢先生が出て、これは肺病もちの痩せた人ですから、痰壷を横に置いて、二、三十分の短い講話をされた。それだけの形でしたが、その当時東京で宗教的関心をもった青年たちは、本郷にあったこの浩々洞の日曜講演にきて、親鸞の教えに耳を傾けるか、それとも新宿にあった内村鑑三の日曜学校へいって、聖書の話に耳を傾けるか、とにかく全都の宗教的関心をもった青年を二分したといわれるほどの、大きな感化力をもった場所だったのであります。

『精神界』の方は、毎月三千部ばかりの発行部数でありましたが、ある意味で浄土真宗が新しい生命をもって蘇ってくるような仕事をなしとげた雑誌です。創刊号の巻頭に掲げられた、あの有名な「精神界発刊の辞」というものを、ここでちょっと読んでみましょう。

「精神界は、何故に世に出るやと問ふ者あらば、我等はかえつて問わんと欲す。鶴は何故に空に鳴き、鶯は何故に園に歌うやと。

精神界は、何故に世に出るやと問う者あらば、我等はかえつて問わんと欲す。夏何故にさみだれ、冬何故にしぐるるやと。

東風やわらかなる春、花はほほえみ、
西風さみしき秋、紅葉燃ゆ。
竹影は階を掃いて塵動かず、月輪は沼を穿ちて水に痕なし。

精神界は、謗らんがために、罵らんがために、怒らんがために、懲さんがために、世に出るにあらず。仏の慈悲をほめんがために、世に出るなり。

精神界は、悲しまんがために、泣かんがために、争わんがために、叫ばんがために、世に出るにあらず。智慧をたたえんがために、世に出るなり。

苦と悲との谷を去りて、安慰と歓喜との野に遊ばんと欲するものは、ここに来たれ。光明は永えにここにましまさん。」

これは暁烏敏先生の書かれた文章ですが、いかにも高いロマンの香りに満ちた文章であり、『精神界』の全体が、なるほどこれが真宗かという感動を、青年たちに呼び覚ましたような雑誌です。発刊を思い立った暁烏さんたちは、難しい仏教の用語をあまり使わないで、仏教の精神を訴えたいという願いをもってこの雑誌を出されたのですが、その巻頭論文があの有名な清沢先生の「精神主義」でした。

「吾人の世にあるや、必ず一つの完全なる立脚地なかるべからず。もしこれなくして世に処し、事をなさんと欲するは、あたかも浮雲の上に立って技芸を演ぜんとするものの如く、その転覆を免るること能わざること言を待たざるなり。しからば、吾人は如何にして処世の完全なる立脚地を獲得すべきや。蓋し絶対無限者によるの外ある能わざるべし……。」

この浩々洞は、先ほど来申してきましたように、清沢先生を中心とした数名の青年学徒が共同生活を営んでいかれた。そして清沢先生の厳しい求道精神に感応し、教えられながら、それぞれが仏教者として育っていき、自己の信念として浄土真宗を学ぼうとした、意義深い仏教の学びの場となっていったのでした。ここで育った方々にとって、この浩々洞という塾は忘れることのできない、心の高まりなくしては想い起こすことのできない場所だったようです。たとえば常盤大定先生は、

「先生を中心とする洞の生活は、あたかも古代の僧伽を目前にみるが如く感ぜられた。仏教の僧伽にはいうべからざる美しい長所をふくむのであるが、その美しさを現代に実現したのが、

洞の生活であったと思う。」

それから多田鼎師は、

「それより三十五年六月一日、東片町に移るまで二年の間、この家は我等のこの世における浄土なりき。花吹雪乱れ入る仏堂において、積翠流るる階上にありて、さては木犀の香ゆるやかに動く樹心窟の中、または山茶花のさき満つる庭の辺にありて、番茶を喫しつつ、先生の講話うけたまわりしその折の清興、今も忘るる能わず。」

と回顧しておられるのですが、暁烏先生にいたっては、もっと感動して、

「あの折のことを今思い出しても、涙の出るような嬉しい気がする。」

と語っておられるのです。あの折のことを想い出すと、今でも涙が出るようだという感銘を、浩々洞はここで学んだ青年学徒の魂に刻みつけていたのです。

私はふと親鸞聖人の吉水時代の生活を、この浩々洞を尋ねている今、思い起こします。親鸞聖人が二十九歳の春、六角堂での参籠のなかで聖徳太子のお告げに励まされて、吉水の法然上人を訪ねていかれた。そこで初めて念仏往生の教えに出会われて、「雑行を棄てて本願に帰す」と、念仏者として新しい生命に蘇っていかれたのであります。それ以後、親鸞聖人は、よき人法然上人のお膝もとで、吉水の念仏教団の一人として六年の歳月を過ごされるのですが、この六年間の生活は親鸞聖人をして、「浄土の真宗は証道いま盛りなり」と語らせ、「悲喜の涙をおさえて由来の縁を註《しる》す」と書かせているのです。

つまり親鸞聖人は、自分の青年時代、吉水の念仏教団に身を置いて法然の弟子の一人として、法

然上人の篤い感化をうけながら仏法を学ぶことができた。その嬉しさは老境に入った今になっても、涙なくしては思い出すことができない、こう語っておられたのであります。これとまったく同じ質の感動が、浩々洞に学んだわれらの尊敬すべき先輩方のなかに、再現しているのです。

この浩々洞を中心として清沢先生は、ご自身の「我はかくの如く如来を信ず」と告白される、迷悶者に賜わった大いなる安慰の道としての精神主義を、世に捧げていかれました。その期間は、わずか四、五年間ですね。そしてこの浩々洞の精神主義の運動が、結果からみると、清沢先生に課せられた課題であった仏教復興を果たしとげていった信仰運動であったのです。このことをよりよく知るために、同時代、東京だけをみてもいくつかの仏教運動があったのですが、それをざっと概観してみましょう。

四　明治の仏教復興運動

清沢先生がこういう仕事を始められるのは、明治の三十年代ですが、その前の明治二十年代から、仏教復興の努力が少しずつ始まってきております。それを担った中心人物は、何といっても井上円了先生でしょう。それから村上専精先生、南条文雄先生。みな大谷派の先輩です。

哲学館（現在の東洋大学）を開いた井上先生の書かれた、たとえば『仏教活論序論』という本がありますが、これなどはわれわれの父親や祖父の時代、多くの仏教者が非常に大きな恩恵をうけた本です。西欧文化が流入し、その蔭に日本の伝統文化が次第に色褪せ、意気消沈している時代であり、仏教者が劣等感のなかに投げ出されているころでありますが、その状況のなかで、西欧の哲学が見出した真理は、すでに仏教のなかに語られていると叫んだのが、この本なのです。

ヨーロッパのヘーゲルであるとかカントであるとか、ああいう人びとの哲学よりももっと早く、二千数百年の昔、釈尊がすでに明確に、西欧哲学が見出した真理を、縁起の法とし、空として説いている。だからわれわれは決して引け目を感ずることは要らない。そして、仏教徒だから釈尊の教えを信ずるのではない。釈尊の教えは真理であるが故に、われわれは仏教を信ずるのであると叫んで、当時の仏教徒を非常に勇気づけた本であります。仏教もまた真理である、決して引け目を感ずることは要らないと、啓蒙的な勇気づけを、これらの先輩方は情熱的になさったのです。しかし未だ、仏教にも哲学のいう真理があると、哲学に一歩ゆずったいい方をしております。

ところが清沢先生が出てきますと、仏教はただ理論的真理を語るものではない。仏教の生命は、信仰である。人間を信仰的実存として立たしめる、信念をもった人間を生み出していく、それが仏教の真理だという形で、信仰というものが大きな要求として高まってくることとなったのでした。こういう要求をもった明治三十年代の仏教復興運動は、ざっとあげただけでも次のようになりましょう。

第一は清沢満之先生の精神主義、それから西本願寺の古川勇師が提起した、新仏教運動。これは後に境野黄洋・渡辺海旭・高島米峯・加藤玄智といった人びとにうけ継がれて、仏教清徒同志会という結社が作られ、新しい仏教を確立するという運動となって推進されていきました。それから他方には、高山樗牛の日蓮主義、伊藤証信師の無我愛の運動、近角常観師の求道会館での信仰運動、主なものでもこのような仏教運動が、東京を舞台に芽生え渦巻き、触れあい展開していったのであり、その大きな波動のなかで、清沢先生の浩々洞の精神主義も歩んでいったのです。ここにあげたいくつかの仏教復興運動のなかで、今二つほどの運動を取り上げて、精神主義と較べて考えてみましょう。

五　仏教清徒同志会

その当時の宗教界に非常に大きな訴える力をもっていたのは、新仏教運動、後の仏教清徒同志会ですが、これに参加した人たちは、結社の名の通り、自分たちは仏教の清教徒である、つまり清潔な宗教生活あるいは社会生活をモットーとする。いい換えれば、宗教者は生活が整い、清潔でなくてはならないというような願いをもった人たちであったということができます。この仏教清徒同志会の有名な綱領を、ここに引いてみましょう。

(1)　我等は仏教の健全なる信仰を根本主義とす。
(2)　我等は健全なる信仰・知識および道義を振作普及して、社会の根本的改善を力む。
(3)　我等は仏教およびその他宗教の、自由討議を主張す。
(4)　我等は一切迷信の勦絶を期す。
(5)　我等は従来の宗教的制度および儀式を保持するの必要を認めず。
(6)　我等はすべて政治上の保護・干渉をしりぞく。

このような主張です。ざっとお聞きいただいても、非常に合理的な、なるほど近代の仏教運動だなという印象を、お受けになると思います。ご承知の通り、仏教は宗派という形をとって伝承しております。一つの仏教がいくつにも分かれて、真宗・浄土宗・日蓮宗・禅宗・天台宗・真言宗があり、その真宗のなかにも、大谷派があれば本願寺派・高田派もある。このように、宗派・宗門あるいは教団という形で、仏教は伝承している。しかもそこには歴史の垢が、いっぱいこびりついている。そういう古いもの、宗派として伝えられているような仏教は、現代の開化したご時勢のなかでは何の意味もない。超えられるべきものであり、教団が伝承した教義の理解にしろ、宗門形態にしろ、儀式の仕方にしろ、もっと合理的で明るい、近代の理性に立ってよく分かるすっきりしたものに改変し、そういう信仰、すなわち健全な知識の納得できる信仰に立って、社会道義を改善していこう。

この立場の人びとはほぼこのように主張したのですから、一般にはよく分かる運動だったのでしょう。注意すべきことは、宗派として伝承された古い仏教は、何の意味もない。超えられるべきものだという、強い主張をもっていたという事実です。そしてこの人たちが運動のなかで鋭く批判したのが、清沢満之先生の精神主義と、高山樗牛の日蓮主義だったのです。

境野黄洋師の書かれた、有名な論文があります。「羸弱思想の流行」。つまり現代の仏教界の動きをみると、遺憾にたえないことがある。羸弱思想、すなわち弱い者の思想が流行している。それこそニーチェ主義と精神主義である。だいたいこういう論評ですね。ニーチェ主義というのは、ドイツのニーチェの思想を初めて日本に紹介したのが高山樗牛ですから、樗牛の思想のことでしょう。

彼は同時に日本主義を唱え、日本民族がもつ大切な意味を高揚するという主張をした人ですが、清沢先生とほぼ同じころ東大文学部を出、同じように病気になって早くなくなった人です。非常に感受性の強い人だったそうですが、弱い一面をもっていたのでしょう。

この樗牛のニーチェ主義と共に弱い思想にあげられたのが、精神主義だったのですね。何故清沢先生の精神主義が、羸弱思想だという非難をうけたかといえば、清沢先生の論文に「迷悶者の安慰」というのがあります。これが精神主義という名で語られた信仰の性格を、一番はっきりといい表わしたものだと私は了解するのです。

清沢先生にとって、信仰とは何か。それは迷悶者に賜わった安慰の道だ、ということです。つまりここでは、人生に迷い悶えるものとして、人間が凝視されている。われわれは健全な思想によって生きよといわれても、健全な思想によって生きるという立場を貫き通すことができない。そうではなくて、人生に迷い、途方に暮れ、当惑し、困惑し、苦悶し、絶望しなければならないもの、これがわれわれなのです。それが親鸞聖人のおっしゃる凡夫でしょう。われわれは自分に夢をもつことができない。凡夫としてしか、生きられない身です。その凡夫である身に、大きな安らぎを賜わる。それが本願を信ずる浄土真宗の信仰の、大きな恩恵だと清沢先生はおっしゃるのです。もちろん本願の信の面目は、その信においてひとつの願いを賜わるということでしょう。願いを賜わるという点では意気盛んというか、立ち上がるというようなものがありますが、しかしわが身はどこまでも迷悶者であります。ちょっと事情が動けば、すぐに悩まなければならない者である。そういう確かな目で、清沢先生は自己をみつめておられたのです。そして、迷悶者である私は、何によって生きることができるのかと問い続けたのでした。だから、そういう迷悶者の安慰として、凡夫が本願の念仏によって無上涅槃の世界へ還っていくという親鸞聖人の信仰が、復活してくるのです。

その清沢先生は、たとえば『わが信念』のなかで、私は何が善であり何が悪であるか、ひとつも分からない。この世をまじめに生きようとすれば、前へも後へも、右へも左へも、身動き一寸することができない。もし自分が人生を義務・責任だけによって生きなければならないとすれば、自殺する外はない。そういう根源的な弱さをもったものである、ということを告白しておられますが、そういう考え方が仏教清徒同志会の人びとには、許せないということだったのでしょう。それは羸弱思想、単に弱いものの肯定ではないのかということで、大分強い言葉で批判をしておられます。そしてこの同志会の立場の人びとは、宗派＝これは古いもの、超えられるべきものである。僧侶、こういうものは必要でない。教団＝これもない方がよい。このような教団否定、あるいは僧侶不必要論を強く主張し、こういう形で仏教の生命を回復しようとしたのが、仏教清徒同志会の運動の展開でありました。

それに対して精神主義の立場は、清沢満之という一人の身に動いた歎異の精神の発露です。歎異というのは、教団に因縁をもつ者が感ずる責任感というか、宗教心の痛みでしょう。だから歎異の立場は、教団の批判がどんなに厳しくても、教団を否定することは絶対にあり得ますまい。教団は、なるほどいろいろの問題をもっています。しかしその教団が、われわれが人生の最大事件である信念を確立する大切な依り所である教法を伝承してきた。親鸞聖人の教えを、われわれの先輩方が血みどろになって求道してこられた。その先輩方の求道を通して、浄土真宗の教えがわれわれに伝承せられている。その求道者が身を捨てられた場所が教団でありますから、その意味で教団はむしろ尊敬されなければならないのであって、教団はなくてよいなどということは、清沢先生の立場からは絶対に出てこないのでしょう。教団にむしろ大きな恩徳と責任とを感じていくのですから、仏教清徒同志会の立場と較べてみて、その特色がよく分かるでしょう。

浩々洞はたしかに大谷派教団と、深いところで呼応していた。だから形としての浩々洞はやがて消えていきますが、しかし浩々洞の精神主義は、かつてあったのみならず、今もなお生きているというものでしょう。一方仏教清徒同志会は、歴史の上にどう継承されていったのでしょうか。おそらくそれはやがて消えていったままでしょう。そういうところに、教団というもののもつ、積極的な意味があるのではないでしょうか。

これに関して想い起こすのは、森龍吉先生のお書きになった『親鸞―その思想史―』という本があり、そのなかで、清沢満之、この人が近代において親鸞を改めて掘り起こした人でありますが、しかし彼は所詮宗門の徒であった、というふうにいわれております。宗門の徒であることを、むしろマイナスに評価しておられるような文章でありますが、宗門を否定する方がより純粋なのかどうか。それもひとつの見解でありましょうが、私はそういう見解には賛成することができません。くり返すようですが、われわれがともかく親鸞聖人の教えを、単なる知識の対象としてでなく、もっと宗教的な意味をもった、教えとして学ぶことができるのは、有名、無名の先輩が親鸞聖人の教えによってまじめに求道してこられた事実があるからであり、その先輩が喜んで身を捨てていかれた場所が教団であるという事実があるのでありますから、もし私にお前は所詮宗門の徒だといわれれば、それはまことに光栄であるとお答えすべきかと思うものであります。

六　日蓮主義

この仏教清徒同志会に対して、もう一つ、精神主義と同時代の仏教運動に、日蓮主義がありま す。これについては島地大等先生が、明治宗教史の研究において、明治の仏教復興運動のなかで、本当の意味で新しい信仰という評価を与えることができるものが、二つある。第一は、清沢満之の精神主義であり、第二は、高山樗牛の日蓮主義である、このようなお考えを述べておられます。

島地先生がこの二つの信仰運動を「新しい信仰」と評価されたのは、共通してかなりはっきりとした性格がみられるからです。清沢先生の信仰を培ったものは『歎異抄』ですが、『歎異抄』についての註釈は先生には一つもないのです。ないけれども、清沢先生の信仰告白全体が『歎異抄』の精神を彷彿と蘇らせているのです。つまり清沢先生が自分の信仰を語ることと、『歎異抄』を語ることとが一つであった。あるいは親鸞を語ることが、そのまま清沢先生が自分の信念を述べられることと別物ではなかった。要するに解説しておられるのではないのです。自分が信仰を述べられることが、そのまま親鸞聖人の信仰の生命を自分の信仰として述べる、こういうような形だったのです。そういう意味では、高山樗牛が日蓮に対する場合も、まったくそうだったのですね。日蓮について語ることと自分の信仰を語ることが一つであったのが、日蓮主義の立場だったのでしょう。二つとも、つまり実存的立場というべきものであります。

こういう島地先生の指摘を聞きますと、われわれは落第だなと思いますね。われわれがやっていることは、親鸞聖人のこの言葉の意味はどうだ、この文章の精神はどうだという註釈ばかりですが、解説ばかりしていてはダメなのです。この精神主義と日蓮主義をみますと、親鸞聖人の浄土真宗は精神主義という言葉で告白されており、日蓮の宗教的自覚も日蓮主義という言葉で復活している。

つまり高山樗牛の日蓮主義の信仰運動のなかで、日蓮上人のあの宗教的情熱が、生き生きと取り戻されてくるのです。たとえば日蓮の『開目鈔』という本のなかに「我は日本国の柱とならん、我は日本国の大船とならん。我は日本国の眼目とならん」という言葉があります。つまり日本国という国を背負って立つことが、わが菩提心であるという、真宗の立場からみると大変に意気盛んと思いますが、そういう激しい情熱が日蓮上人の信仰の生命として動いていたのですね。その日蓮上人が抱かれた宗教的自覚を、もし一言でいい表わせば、「我は上行菩薩なり」という言葉となるのではありますまいか。上行菩薩というのは、末法の世になって仏法が衰え、やがて滅んでいく、その末法の世になって、大地から無数の菩薩が湧き出して、『法華経』が表わすすべての人が平等に助かる仏法としての『法華経』の教えを伝え、明らかにしていく。その大地から湧き出して法華一乗の教えを背負っていく地湧の菩薩の代表が、上行菩薩です。非常に激しい『法華経』の情熱ですね。その上行菩薩は我なりと、仏法がその生命を失って滅んでいく状況のなかで、大地から立ち上がって、ここに仏法があると民衆の先頭に立って、これを引っぱっていこうとしたのが、日蓮上人でしょう。日蓮主義は、この日蓮上人の宗教的情熱を回復しようとするものです。

これに対して清沢先生は精神主義をとなえ、われらは迷悶者である。迷悶者であるものが、本願他力の教えによって大きな安慰を賜わる。これが如来を信ずることの大きな恩恵であると、静かに語っておられたのでした。そこにあるのは、二種深信と宿業の自覚ではないでしょうか。つまりわれらは罪業深きものであり、無智無能の身である。その身が如来の本願力に乗託して、虚心平気にこの世界に生きる力を賜わるというのが、精神主義の自覚でありますが、日蓮主義とはまた別な意味で、大地に立ったような信仰を、精神主義は世に捧げていたのです。

七　法華経と無量寿経

ところが、清沢先生の求道の課題は、先生一代に止まらずに、浩々洞で育っていった新しい後継者、新しい仏教者を生み出していきました。そのなかのお一人に、曾我量深先生が出られております。その曾我先生に至って、日蓮主義の課題がまさしく浄土真宗の根本課題としてうけ止められてきたのでした。それは、末法の世にあってここに仏法があると、大地から湧き出して仏法を担うもの、こういう壮大な課題です。ところが金子大榮先生のお考えによると、親鸞聖人が真実教と仰がれた『大無量寿経』は、群萌《ぐんもう》の一乗《いちじょう》であるとご了解になっている。「石・瓦《かわら》・礫《つぶて》の如くなるわれら」、つまり生活の泥のなかに生きているわれら群萌が本願をいただく機でありますから、本願の教えは群萌の一乗である。群萌が平等に救われていく教えであるという了解ですね。その本願の機である群萌というものは、大地から芽生えていくものでしょう。日蓮上人のいわゆる地湧の菩薩、大地から湧き上がって一乗の仏法を担うもの、あれと同じ課題です。

親鸞聖人が『教行信証』を書かれて、浄土真宗の立教開宗の大事業に取り組まれた時、「それ真実の教を顕わさば、則ち大無量寿経これなり」と宣言されました。真実の教えというのは、われわれのような凡夫を如来の無上涅槃の世界に還らしてくださる教えという意味でしょうが、『大無量寿経』すなわち本願の教えこそ、その真実の教えであるという断言です。この宗祖の宣言は、少しきつい言葉でいえば、『法華経』に対する一種の挑戦状とでもいう意味をもった発言ではないでしょうか。

その当時、本当に釈尊のご精神を純粋に説いた一乗の教えは『法華経』であるとは、誰もが承認していたことなのでしょう。その『法華経』に依って立っていたのは、けだし比叡山でしょう。その比叡山の力によって、専修念仏の仏教は徹底的に非難され、弾圧されている。こういう状況のなかで、あえて一乗教は『大経』だと叫んだのは、ある意味で比叡山の権威に対する思想的挑戦というべき行為ではありますまいか。『法華経』をもって一乗教とする通念に、一つの疑難を提出する。純粋な一乗の教えとは、群萌が平等に救われる教えです。その教えは『大経』であるという親鸞聖人の浄土真宗の立教開宗は、おそらくこのような意味で比叡山に対する批判をふまえてなされたに違いありません。あの『教行信証』は、研究室で静かに書かれた研究書ではありません。親鸞聖人が取り組まれていた『法華経』との緊張関係が、曾我先生によってふたたび思い起こされてきて、今『無量寿経』の教えに立つものが、真に取り組むべき相手は『法華経』の行者だということが、今顕わになってきたのではないでしょうか。

『法華経』の教えによって仏教者として誕生した日蓮上人は、「我は上行菩薩なり」と叫ばれた。同じ群萌が救われる教えとして『大無量寿経』に依って立つわれわれは、一体何をもって上人のあの信念に応えるのであるか。真宗のわれわれは、ただ泥凡夫として、つまらないものだと卑屈になっておればよいのであろうか。しかし、そういうわけにはいかないのです。何故ならば、親鸞聖人のお仕事は、本願を信じ念仏する道こそ無上仏道である。凡夫の身に開かれた本当の仏法というものは、本願を信じ念仏するという一道しかないことを明らかになさったのが親鸞聖人であります。その方を宗祖と仰ぎながら、われわれはつまらない泥凡夫だと、卑屈なところに立ち止まっていてよいのであろうかという、非常に大きな問題を、曾我先生は日蓮主義の主張のなかから汲み取られたに違いないと思います。そのなかから尋ね当てられていったのが、あの法蔵菩薩の問題だったと私は了解するのです。

八　法蔵菩薩を問う

曾我先生が一生涯かかって問い続けられた問題は、法蔵菩薩ではなかったでしょうか。その探求を通して到達なさった信念は、「法蔵菩薩は我なり」という命題の表わす自覚でした。「法蔵は我なり、されど我は法蔵にあらず」これは日蓮主義の問いかけを受け止めて出てきた発言ではないでしょうか。考えてみると、法蔵菩薩を真宗教学の根本問題として根本的に問うた方は、親鸞聖人以来、曾我先生が初めてではなかったでしょうか。不思議なことに、曾我先生以前に法蔵菩薩を真剣に問題として問うた人はなかったのですね。

法蔵菩薩の問題といいますのは、簡単に申しまして、法蔵菩薩の御苦労によってわれわれはご信心をいただくのだ、と聞いております。われわれが本願の教えを信ずることができるためには、法蔵菩薩の永いご苦労があったから、そのお蔭でわれらのようなものが如来を信ずることができる身にしていただくのだと、了解されております。そういう事実が一つの架空の物語としてでなく、文字通り宗教的自覚の事実として曽我先生に実感されたのは、先生が目の当たりにせられた清沢満之先生の求道ではなかったかと、私は了解いたします。

清沢先生が大谷派の僧侶になられたのは十六歳、はじめて信念の確立を表白なさったのが三十六歳。その感動的な信仰告白の言葉が、

「自己とは他なし。絶対無限の妙用に乗託して、任運に法爾に此の境遇に落在せるもの即ちこれなり。ただそれ絶対無限に乗託す。故に死生のことまた憂うるに足らず。死生猶かつ憂うるに足らず、いかに況んやこれより而下なる事件においてをや。追放可なり。獄牢甘んずべし。誹謗擯斥、許多の凌辱、豈に意に介するものあらんや。否これを意に介すと雖も、これを憂うるといえども、吾人はこれをいかんともする能わざるなり。吾人はむしろひたすら、絶対無限の吾人に賦与せるものを楽しまんかな。」

こういい切った時が、はじめて先生が如来を信ずることができた、その喜びをいただかれた時です。清沢先生は短命でしたから、発心してすぐ信仰を得られたように思いますが、実は実に二十年の時が必要だったのです。ちょうど親鸞聖人と同じですね。その間、どうしても如来が信ぜられな

いと、信念の確立のために一生を棒にふるほどの悪戦苦闘をなさった。人間が本当に如来を信ずるということは、これほど困難なことかと身を以て示されたような、文字通り血を吐きながら求道の闘いの場に立っておられた清沢先生のその御姿が、青年時代の曾我先生の魂に焼きついていたのだろうと思うのです。それが、如来を信ずることができるのは、ひとえに法蔵菩薩のご苦労だという古い教えの意味を、自覚的に問い直していかれた有力なご縁であったのでありましょう。

本願を信じ念仏すると申しましても、私が念仏するというそういう念仏は、宗祖のおっしゃる念仏ではないのでしょう。私が念仏するのではなく、教えに出会うことのできた私は、ただ頭が下がるだけでしょう。その頭の下がった私に、南無阿弥陀仏と名のってくださるのが、我ここにありと叫んで立ち上がってくださった法蔵菩薩でありましょう。頭の下がった私は、ただその名のりを聞くのであります。称名念仏を生み出すものは聞名《もんみょう》でありますから、み名を聞くものにとって念仏とは、称名であるままに法蔵の名のりを聞いているに外なりません。そういう意味に法蔵菩薩が尋ね当てられた時には、念仏の意味は変ってき、名号に根源化したといってよいのでしょう。それが親鸞聖人が本願を信じ念仏するとおっしゃったことの、本当の意味であるに違いありません。そういう浄土真宗の信仰的自覚の主体が、法蔵菩薩として尋ね当てられ、それが日蓮主義の運動などとも呼応しながら、群萌の大地に立って一乗の真理を顕らかにするものとして、浄土真宗の真理性を顕らかにし、仏教復興運動に内容を与えていったのであります。

九　新しい親鸞像の開拓

清沢先生の精神主義運動のもつ大切な意義として、『歎異抄』の発見をあげるべきでしょう。長い間、読んではいけないという烙印の押されていた『歎異抄』が、近代日本の求道者の前に捧げられた。それを果たしたのが、清沢先生です。それをうけ継いだのが、近角常観師の求道会館の信仰運動でした。

それとほぼ同じころ、日本で最初に社会主義の思想に触れていった、長野県出身の木下尚江が、教団とまったく関係のないところで、『法然と親鸞』というような本を著わして、やはり『歎異抄』を発見していくのです。その木下氏がさぐり当てた親鸞は、それまで真宗教団がご開山として大堂の奥深くまつっていた宗祖とは違って、人間の解放者、宗教の改革者、そういう思想家としての親鸞でした。『法然と親鸞』のなかには、「親鸞は本願寺の先祖ではない」という、あまりにも有名な言葉もあります。このように、偶像化した親鸞像をこわして、もっと生き生きとした親鸞を掘り起こしていこうという、新しい親鸞理解が同じこのころから始まってくるのです。

木下尚江の当時での影響力は、おそらくは小さなものだったでしょうが、この木下氏が発見した親鸞像は、やがて三木清の親鸞理解、あるいは服部之総が『親鸞ノート』で示した独自の親鸞理解、そういうものにズーッと展開していくのですね。そういう近代――現代の日本人による親鸞探求の端緒が始まったという意味で、木下尚江の親鸞発見は、一応承知しておくべきことかと思います。

十　浩々洞の変転と新生

1　暁烏敏師の夏期講習会

さて、このようにいろいろな面で、仏教の復興に大きな影響力をもった浩々洞は、やがて清沢満之の死をむかえ、その精神主義も少しずつ変っていきました。明治四十二年四月、清沢満之先生七回忌が東京で行われました。ちょうど『精神界』は第一〇〇号を出して、「清沢満之七回忌記念号」を特集しました。法要は、第一日は清沢満之が開いた真宗大学で、第二日は清沢満之が学んだ東京大学で、第三日は浅草別院で、三日間にわたって非常に多くの参加者を得て催されました。

ところがそのころ、清沢先生がなくなって五、六年経ったころですが、精神主義は非常に高潮してきた。それにつれて清沢満之もいつしか偶像視されるようになり、曽我先生の言葉によると、さながら既成教団ができたような形になってきた、清沢宗なるものができたような状況になってきた。こういう事態になってきたといわれています。真宗という伝統教団に、清沢宗というコブが出てきたという格好です。かつて清沢先生がおられたころ、先生のまじめな求道心に感動して集ってきた、自由な一つの精神的共同体であった浩々洞が、次第に一つの既成教団らしい形をとってきたのです。ある意味では、どんな団体もこういう運命をたどるのでしょう。ところが、浩々洞の内部に、これに対する自己批判が非常に激しい形で出てきます。そして浩々洞は内部から崩壊し、大正七年を以てその幕を閉じたのでした。

大正二、三年のころ、浩々洞に因縁を結んだ多くの人びと、ことに若い世代の同人たちから、洞の中心であった暁烏敏先生は猛烈な批判をうけたのでした。要するに信仰が恩寵主義、如来の恩寵に酔うものではないかという指摘です。そういうことの上に、暁烏先生の令室の死にともなって起こった生活上の問題もあり、精神的に深刻な凋落《ちょうらく》を経験して、浩々洞を去って故郷の石川県松任町外北安田の自坊に帰っていかれたのでした。

先生はすでに浩々洞にいたころから、故郷加賀の地で精神主義風の新しい伝道教化を始めておられたのですが、明治四十三年から自坊明達寺で、夏季講習会という、これまでまったくなかった独特の講習会を開いたのでした。参加者は一週間泊りこんで寝食を共にし、感話をし、討論をし、聞法をし、語りあう。この講習会は以後五十年間、一年も休まずに現在も行われているのですね。そして、この第一回の講習会の参加者のなかに、藤原鉄乗師、高光大船師、こういう方々がおられまして、先輩暁烏先生を中心に、加賀の三羽烏《がらす》と呼ばれるようになり、真宗の伝統の最も強い加賀地方のまっただなかに、精神主義の種をまくという仕事が開始されたのでした。

その暁烏先生の明達寺で開かれた夏季講習会の形式、やり方が、高光大船師の感化をうけて立ち上がった訓覇信雄師にうけ継がれ、訓覇さんのお寺である三重県菰野の金蔵寺でも行われるようになり、これが同朋会運動の展開とともに、奉仕団の研修の方式の基になったのだと聞いております。現在同朋会館で行われている奉仕研修の形式の源をさぐれば、明治四十三年に始まった暁烏先生の講習会に帰っていくのですね。

ところが暁烏先生が加賀の地で新しい伝道教化を始められてほどないころ、暁烏先生はある出来事を機縁として、信仰上のつまづきを経験されたのでした。そのいきさつを発表された文章が、『かくして私は凋落してゆくか』。大正二年のことでした。浩々洞に暁烏あり。当時の帝国大学総長加藤弘之氏のところへ、清沢満之の代理としていって真宗の教えについて懸河の弁をふるい、意気軒昂たる暁烏敏先生は、「かくして私は凋落して行くか」と告白しながら、加賀の故郷に沈潜されることとなったのでした。そして如来に酔えるものといわれた恩寵《おんちょう》主義から、罪深い凡夫の自覚に立ち帰って、いなかのご門徒とともに如来の本願を身をもって生きていくという生活を開始されるのでした。

ところが、真宗の伝統の厚い加賀の地に精神主義を叫ばれたのですが、その叫びは非常に新鮮であり、かつ大胆でありました。『御文』にこう書いてあるという信仰ではなく、自分がどう救われるかこそが安心問題の要である。「聖教やお文に書いてある安心を口に称えたと言っても弥陀の救済には毫末の効果なし。信心は自己の心に受けし領解なり」と、『御文』を覚えたといってもそれだけでは信仰ではない、如来の救済を自分が体験してこそ生きた信仰だと、大胆に暁烏先生は叫ばれたのです。

現在でも行われている御示談をご覧になればよくお分かりと思いますが、たとえばそこでは「仏凡一体と機法一体の三同四異はいかに」というような、極めて高度の教義問答さえ行われています。そういう一種の教条主義化した信仰的風土のなかに、非常に生々しい体験の告白を行っていかれたのです。だからそれはいかにも伝統的信仰からは異質的であり、たちまち異安心という批判をうけられることとなったのでした。その時これを聞いた高光大船師は平然として、「異安心、そうでもあろう。しかし、異安心は無安心よりはいい」と語ったといわれます。

2　多田鼎師の動転

さらに大正三年になると、浩々洞の変転を非常によく表わすような、一つの出来事が起きました。多田鼎《かなえ》師の動転です。多田先生は本当に生まじめな方だったそうですが、自分が信仰の上で動転した、これまでの信仰は崩れてしまった、この事実を黙っていることができなかったのでありましょう。正直にそれを告白した文章を発表されました。

「我はかくの如く動転せり」。「願はくは我をして昨非を語らしめよ」。こういう先輩の文章を読みますと、お述べになっているお考えが納得できる、できないは別として、非常に誠実な宗教者だということを私は感じます。多田先生は教化についての関心が非常に強かった方でありまして、東京の浩々洞におられましても、真宗にまったく無縁であった千葉の町に説教場を開き、千葉教院と名づけて真宗の教えを伝道するという、開拓的努力をおやりになった方です。その多田先生の千葉教院での法話を聞いて感銘をうけられ、たまたま千葉医大で医学を学んでおられた宮本正尊先生が、医学の勉強をすてて仏教の研究に方向を変えるというような、大きな影響も与えておられるのですね。

その多田先生が、東北のある町に行かれて法話をなさったとき、熱心に聴聞しておられた在家の一老聞法者が質問をし、先生のお話には念仏がない、といったのです。それが多田先生には非常にこたえ、控室に帰ったけれども次の法話ができなくなり、非常に悩まれた。その結果、自分は清沢満之先生によって育てられたものであるけれども、清沢先生の信仰には念仏がなかった、だから自分はそれを捨てるといって、方向を転ぜられていったのです。そのいきさつは、今の『我はかくの如く動転せり』という文章に、るる述べられています。

この多田先生の動転について、私ひそかに思いますに、清沢先生に念仏がないといって多田先生は清沢先生に決別なさったのですが、はたしてそうでしょうか。清沢先生に念仏がないという批判は、大変失礼ですけれども、多田先生は言葉に拘泥し過ぎられたのではないでしょうか。たとえばあの「他力の救済を念ずる」という言葉、これは完全に念仏ではないでしょうか。南無阿弥陀仏といえばそれだけで、ああ真宗かと問題にされない、そういう時代状況のなかで、念仏の真意を語るという苦労が要った時代ですね。私は先輩に対していうべき言葉ではないとよく承知しながら、なお多田先生に対して惜しいことだという憾《うら》みを感じざるをえないのです。続いて「願わくは我をして昨非を語らしめよ」。これまでの自分の信仰は誤りであった。それをここに自分は懺悔し自己批判する。こういう内容の文章ですね。

ところが同じころ『精神界』に「阿修羅の琴の音」という、曾我先生の文章が載っています。これはおそらく、多田先生に対する曾我先生の批判ではなかったでしょうか。

「多田兄は自ら敬虔なる教権主義者を以て任じて居られる。（中略）私は兄が種々の逆境を転じて順とせらるる本願の主であると思うて、深く兄に尊敬を捧げるものである。

多田兄よ、我は娑婆世界に於て、恐らくは大兄と相遇ふことはないであらう。又必ずしも此を願はぬ。しかし大兄とは必ず未来の安楽世界に於て相遇ふことを信ずる。偏狭にして執愛力の強き我々はどこどこまでも相諍ふ外はないであらう。祖聖を憶念し祖教を仰ぐこと、我決して大兄に譲らず、宗門を念ひ、真実宗学を愛すること我亦決して大兄に譲らず、真理を愛し自己を重んずること我亦決して大兄に劣らず、真に教権を尊重すること遥に大兄の上に出づるを確信するものである。

世に昨非を平然として語るものがある。此れ恐らくは「今是」を以て居るからであろう。祖聖は今日今時までを穢悪汚染と痛泣し給ひた。又常に遠く宿縁多幸を喜び、又「久しく願海に在る」ことを感謝せられた。我の甚深の宿業力は客観的に昨と今とを分かつことは出来ぬと信ずる。少くとも「今是」と云ふ考の続くかぎりは、どこに真の慚愧があり、どこに真の否定があるか、「昨の我」と「今の我」とは要するに我の観念的分析である。現実の「昨の我」は悉く「今の我」に流入して、「今」の外に「昨の我」などある筈がない。昨の我と思ふ事は要するに今の我の影である。」

これは大変に厳しい批判です。斬れば血の出るような信仰の対話であります。こういう文章に接するとき、先輩方の求道の厳粛さと、浄土真宗の信仰とはこういうものかという、その信仰の鼓動が響いてくるような思いをします。

十一　如来我を救うか

このようにして浩々洞の三羽烏といわれた暁烏先生は凋落し、多田先生は動転して教団の伝統主義の立場に回帰なさり、浩々洞は内部から崩れていきました。その崩れていくなかから、『かくして私は凋落していくか』が発表された大正二年、曾我量深先生は『地上の救主』という仕事を発表なさいます。金子大榮先生もまた大正四年、『真宗の教義と其の歴史』という力作を世に問われました。恩寵主義的に如来の救済に酔う、信仰に中毒せるもの、こういう批判をうけたある時期の浩々洞の恩寵主義が崩れていく。そのなかからこれらの本が代表するような、新しい浄土真宗の教学を再形成する努力が、浩々洞の精神主義のなかから始まってきているのです。このことは真宗の歴史の上で、非常に大切な意味をもっているのではないでしょうか。

つまり簡単にいいまして、「地上の救主」とは法蔵菩薩のことでしょう。われらの如来は、遠くかなたにあって、月の如く星の如く遠いかなたにあって、われわれをみそなわし、照らし、摂取してくださるにとどまらない。そういう表現よりももっと切実な、この地上において救うもの、親鸞聖人の言葉でいえば現生不退《げんしょうふたい》といってもよいのでしょうが、この命のままに不退の位に立ち、願いに生きるものとなっていく、これが如来のはたらきであり、浄土真宗の本願の信でありましょうが、一体それはどうして可能かと、本願の信の発起の根拠を問い、その信が衆生の真の主体として衆生の上に現にはたらいて衆生を救済していく姿を明らかにしていく、その本願の信の根本主体として法蔵菩薩という問題を、一貫する主題として問い続けられたのが、この本であります。『地上の救主』のなかで、曾我先生はこのように語っておられます。自分は越後高田の金子兄のお寺で、「如来は我なり」という感得をえた。さらに加賀の暁烏兄のお寺で語ったとき、「如来我となりて我を救い給う」という、新たな感得を得た。さらによくよくこの感得の内容を尋ねてみると、

「如来我となるとは法蔵菩薩誕生のことなり」と了解すべきことである。この感得と探究が、曾我先生が法蔵菩薩を問うていられるときの立脚地でありましょうが、この命題に接して私に思われることは、この命題の生まれてきた背景です。つまり曾我先生は、青年時代からずっとある問題を問い続け、憶念し続けておられたのではないか、ということです。

先生の論集に『内観の法蔵』というのがあり、そのなかに「如来我を救うか」という題の文章があります。この題を読んだとき、私はすぐに、これは曾我先生がお若いとき接せられた、清沢先生のあの血みどろの求道から、曾我先生が感得なさった厳しくそして最も根本的な課題ではなかったのか、と感じたことでしたが、「如来我を救うか」、このように問いを提起されてみますと、実はこれは真宗の学びの根本問題でしょう。如来は本当に私を救うのであるか。仏様というものは、われわれを救ってくださるものと、いわば分かり切った当然のこととして真宗を語っているけれども、はたしてそうであろうか。これこそ容易にうなずくことのできない、根本問題ではないか。

なるほどわれわれは一応求道心とか、宗教心とかいっている。けれども本当に如来を求め、救いを求めているのかと問うと、少々ボヤけてきますでしょう。救われたいといっても、本当はどうなのか。本心でいっているのか。むしろ、如来というようなそんな面倒なことはご免こうむりたい。それが本心ではあるまいか。つまり我の本心には、如来というものに触れずにおりたい、そういうものをひそめているのではないでしょうか。もっと正確にいえば、如来に背くもの、そういう問題を人間はかならず自我の根底にもっている。そういう人間が、どうして如来に救われるのであろうか。簡単に如来の救済といいますけれども、実はそこにこういう大きな問題がひそんでいるのであります。

如来に背き、如来から遠ざかって自我を主張して止まない私が、どうして如来によって救われるのでありましょうか。早い話、世間でも親も子をどうすることもできないでありましょう。子は親から生まれたかも知れぬが、生まれた限り、生んだ親でも子とは別のものである。親といえども、子を自分のなかに包むことはできません。子は親に対して独立し、自己を主張して容易に一つになることはできないのであります。そのように、われわれは、ついに精神界の孤児であります。自我として誕生した限り、永遠に如来に背いて生きなければならないものである。如来は、そういう我を本当に救うのであるか。こういう重い問いから、あの「如来我を救うか」という文章は始まるのであります。

このような問いの提起の大切さは、よく分かりますね。これは少々笑い話めきますが、私が二十年ほど前、初めて京都で暮すことになった時、龍谷大学で真宗学を専攻しておられた学生さんと、一緒の寮におりました。そこで学生仲間の議論のなかで、仏様の救いとはどういうことであろうかということが、話題となったことがありました。

私はそのころ仏教の勉強をしておりませんでしたので、仏様の救いとはどういうことですかと質問したのですが、そのとき、その龍大の学生さんの答えてくれたことが、非常に強く印象に残っております。ある意味で見事でしたですね。つまり宗祖の、「弥陀観音大勢至　大願のふねに乗じてぞ　生死の海にうかみつつ　有情をよぼうて乗せたまう」という『和讃』を引いて、阿弥陀さんは、本願の船に乗って、お浄土からこの生死流転の海にやってこられ、そこでその生死海に溺れ、あえいでいるわれわれを救いとり、抱きとってお浄土へ連れていってくださるのだ。ちょうど魚籃《ぎょらん》観音が、海中の魚を籃《かご》のなかに救いとってくださるように。それが如来のお救いだと説明してくれたのですね。その学生さんは、文字通りまじめにそう信じているのですね。実体的に。私は何をいっておられるのだ、それではまるでお伽話ではないかと、納得はできませんでした。

学生同士のたわいもない議論ではありましたが、真宗学専攻の学生さんの答でしたので、以来龍谷大学の真宗学というと、この印象とダブッてイメージが浮かんで仕方がないのです。もちろん、これは私の青年時代の経験でありまして、龍谷大学の真宗学は学問的にはるかに綿密な、立派なものでありましょう。ただこの学生さんが語ってくれたような理解が、おそらく如来の救いについての一般的というか、伝統的な理解だったとはいえるのではないでしょうか。

そういう真宗理解は、封建時代はともかくとして、少なくとも近代以後自我という問題につき当たって悩んでいる人間にとっては、どうしても納得することができない。自我の自覚と主張、これが近代文化の根底であることは、いうまでもありません。自我に目覚め、自我を主張し、自我の権利を主張する。現代はそれが全部でしょう。そのような人間がどうして如来に救われるのであるか。この問いに対して曾我先生が得られた感得が、「如来我となりて我を救いたまう」であったのです。もしわれらに救いがあるとすれば、それは如来が衆生のなかに身を捨ててくださったからだ。そのこと以外に衆生の救われる道はどこにもない。これが曾我先生の感得の内容だったのではありますまいか。我の救い、そういう信仰の恩恵が人間に与えられる根拠はどこにあるのか。それは如来が衆生のなかに身を捨てられたその一点にあるのであり、それが如来の本願である。その身を捨ててくださった如来を、法蔵菩薩というのである。その法蔵菩薩の名のりが、南無阿弥陀仏の名号である。そういう本願の信の根本的な意味が、次第に明らかに尋ね当てられていったのでした。天上の救いが、地上の救いになったのです。

このような曾我、金子両先生のお仕事が代表するような新しい浄土真宗の教学が、浩々洞が崩れていくなかから改めて誕生してきます。西谷啓治先生は、こういう仕事のもつ意味を、次のような言葉で了解なさっています。「滅びに向かって行き詰りつつあるものが、未来に生きる可能性を見出しうるような、過去における自らの全歴史を、再び伝統としてよみがえらせうるような、新しい空間を浩々洞は開いた」。つまり浩々洞がなかったならば、親鸞聖人の仏法は滅びに向かって行き詰りつつあったのだ。近代・現代のこの状況のなかに、人間の本当の救いを明らかにすることのできないままに、滅んでいかなければならない、そういう浄土真宗が未来に生きる可能性を見出したような、そしてそれまでの釈尊、親鸞以来の仏法の歴史を、新しい生命を生み出す源泉という意味での伝統として蘇らせるような新しい場が、浩々洞の人たちによって切り開かれたのであります。

浩々洞をもったことによって、浄土真宗は未来に対して自信をもって仏法を語っていく新しい自信をもつことができたのだ、そういう積極的な評価をしておられました。非常に高い評価ですが、先輩方のお仕事をみれば、まことにその通りだと思います。

十二　真宗大学の京都移転

　このような歩みを経て、大正七年に『精神界』は廃刊になり、形としての浩々洞は終りを告げたのでした。けれども浩々洞の精神をうけ継いだ場所として、最初に申し上げた真宗大学がございます。それで次に、その真宗大学がどのように歩いていったのかを見なければなりません。

　明治三十四年の秋、真宗大学は開校されましたが、この学校に託した清沢先生の願いは、すでに尋ねた通りです。ところが、清沢先生の願いは非常に高い識見、高邁な精神の発露なのですが、その先生の願いが学生に十分に理解されず、発足してわずか一年で躓《つまず》いてしまったのでした。学生の不満がストライキとなって爆発したのですが、理由としてあげられたのは、教育方針が厳し過ぎる、この一事でした。もちろん、たとえば教員免許の資格をとれるようにして欲しいとか、教授に知名大家を招聘して欲しいとかもありましたが。

　歴史とは面白いもので、そのストライキをやった中心人物の一人が、あの宮谷法含師、親鸞聖人七百回忌の御遠忌のとき、宗務総長をつとめた宮谷法含師だったのですね。晩年の宮谷さんは、あれは一世一代の不覚であったと慚愧《ざんき》しておられたということです。だが、この事件を機に、清沢先生は全責任をとって学監の職を辞し、学生に対する愛着の思いに後髪を引かれるような思いのなかに、故山に帰っていかれたのでした。そして八カ月の後、ついにこの世を去ったのでした。

　それから十年の後、明治四十四年に、真宗大学は京都に移転します。いわばふたたび京都へ帰ってきたのでした。そして現在の高倉会館のところにあった高倉大学寮と合併して、新しく真宗大谷大学を新設するという処置がとられました。もちろんその間にはいろいろの事情があったのですが、だいたい東京では、清沢先生の願いのもとに浩々洞の人びとが中心になって、高い水準をもった文科の大学としての真宗大学、こういう形で、先ほどから申してきたあの願いを実現すべく努力してきたのでした。ところが教団全体からみますと、真宗の理解の中心になっているのは、やはり高倉大学寮であり、ここでは宗学、すなわち伝統的な真宗の学問研究が行われているのです。これを単純に浩々洞系と高倉学寮系と、この二つの学系に分けて把握すると、少しはっきりと分け過ぎる嫌いがありますが、今は一応そういうふうに単純に図式化してみましょう。

清沢先生に感化をうけた方の人びとは、端的に親鸞聖人に直参せよ、こういう基本姿勢をとられます。直接に『歎異抄』なり『教行信証』なりに体当りして、宗祖のご精神に直接に身をもって触れていこうという、簡明直截ないき方を大切にしようとしますね。それに対して高倉学寮の伝統に立つ方々は、真宗は長い間すぐれた先輩が『教行信証』をはじめ多くのお聖教を研究し、講義をしてきたのであるから、何よりもその伝統的な理解をふまえて真宗を学び了解していかなければならぬという立場ですね。だからこの立場の人びとは、あえていえば親鸞聖人がお書きになったものそのものよりも、それがどのように学ばれ、理解されてきたかという、先輩の理解というものを非常に大切にします。清沢先生の有名な批判の言葉でいえば、「註疏の上に註疏を重ね、解釈の上に解釈を重ねて」ついに本来のみずみずしい宗教的自覚の生命を見失うような問題性をはらむこととなり、当然保守的な伝統主義的性格をおびてきます。これに対すれば、浩々洞系の方は、むしろラディカルな、根源的に探究していこうとする性格をおびてくることとなってきます。してみるとこの二つの学系は、水と油といってはいい過ぎですが、どうも少し異和感、異質感がつきまとってくることとなったのは、止むをえないことでした。

本山当局としてみれば、真宗大学が東京という場所にあるのでは、どうも監督の目が届きかねる。加えて清沢先生が真宗大学を東京に置いた理由のなかには、東京を舞台に展開する新しい思想に触れ、それとの対話のなかで仏教を学び明らかにしようという願いがありました。そういうことになると当然、先の仏教清徒同志会の人びとと同じように、清沢先生たちも仏教研究上の自由討議を主張します。

たとえば香月院という、大谷派の宗学を代表するような、非常に大きな仕事をなさった講師がおられます。この香月院深励師に対しても、清沢先生は香月院がいかに偉大であっても、宗祖に対すれば末学である。われわれは末学の権威よりもむしろ宗祖の明らかにせられた宗義そのものによらねばならない、こう主張したのです。もちろん高倉系の方々は、香月院のような先哲の宗学によらないで、どうして『教行信証』の真意が領解できるのかという主張を貫きますし、本山当局がこの立場と同じ見解であることは、いうまでもありません。そういう次第で、本山当局は真宗大学のいき方を非常に危惧し、かつ危険視するようになる。結局開学十年にして、真宗大学を東京で野放しにしておくわけにはいかぬということで、京都移転が決まってきたのでありました。

この京都移転案に対して、真宗大学は真っ向から反対し、議制会（宗議会）もまた反対論が強くて議事は紛糾し、やむなく一度議制会を停会にし、再開した会議でわずか一票差で可決するという、非常な無理をして大学京都移転を決定しております。この事態を真宗大学の潰滅とうけ止めた教職員・学生は、十年間続いた真宗大学を閉じるに当たって、全員がいわば真宗大学落城式をあげるという感慨をこめて、涙とともに解散式を挙行し、いさぎよく真宗大学を葬ったのでした。そして新しく真宗大谷大学が、京都高倉の地に開設されます。つまり清沢満之先生を学祖とする真宗大学が、いわば宗門の伝統的な体制のなかにのみこまれていく、そして清沢先生のあの独創的な識見というものが、次第に失われていく、このような真宗大学の変容を象徴するような出来事でした。

十二　大谷大学樹立の精神

大正になって、真宗大谷大学は大学令による大学に昇格します。それを機に、名称も大谷大学と改称されました。その昇格をめぐって、いくつかのエピソードも伝えられています。たとえば大学令による大学になれば、当然国家の法の規制をうけることとなります。いったい大学にご本尊が安置できるのか、またご本尊の前で礼拝勤行をすることが許されるのであるかどうか。もしこれらが許されないのであれば、昇格をすべきではないという、ある意味で生まじめな強硬な主張もなされたと聞いております。このようにして誕生した大谷大学。最初は真宗大学、そして真宗大谷大学、さらに大谷大学。この名称の変遷は、大学の性格について何かを暗示しているように思えてなりません。

この大学令による大谷大学の出発に当って、当時の学長佐々木月樵先生が、この大学はいかなる精神によって立つのであるかということを、大正十四年の入学式に告辞として演説せられたのであります。それが「大谷大学樹立の精神」という、有名な文章であります。そしてそれが以来大谷大学の建学の精神として伝承されているのです。その骨子は、仏教は決して宗派の枠内に閉じこめておくべきものではない。広く人類に公開すべき宝である。大谷大学はこの仏教を、学として学界に、教育として国民に普及する願いをもつ。このようにして公開された仏教、ことに仏教のなかで宗教としての生命をなお保持しているのは、わが浄土真宗であるが、その真宗によってわが国民の宗教的精神をみがき、人間性をみがいていく。こういうことを願いとする大学として、この大谷大学は設立せられたのである。

ほぼこのような内容ですね。大谷大学の初代学監が清沢満之、二代学監が南条文雄、そして第三代学長が佐々木月樵。現代の大谷大学は、この「大谷大学樹立の精神」をいわゆる建学の精神としておるのですが、いろんな状況のなかで考えて、あの自信教人信の誠を尽くすべき人物を養成することを願いとする浄土真宗の学場であるとした学祖の精神まで帰って、大谷大学を問い直すべきではないか。これは一つの課題です。

ともかく歴史的なこの「樹立の精神」の演説を聞いた学生のなかに、現学長の松原祐善先生や訓覇信雄師らが、予科一回生としておられたのですね。そしてこの大学昇格にともないまして、従来宗乗と呼び余乗と呼んでいた学問を、改めて真宗学、仏教学という名称で呼ぶこととなりました。真宗学とはいかなる学問なのか、こういう重要な課題にこたえて、金子大榮先生が「真宗学序説」と題する公開の講義において、このことを本格的に検討され、一つの見解を提示なさったのでした。現在においても、真宗学徒の必読の本となっていますね。

このようにして、大谷大学は京都移転後、南条先生や佐々木月樵先生、あるいは金子大榮先生といった浩々洞系の先生方によって、かつての真宗大学の精神的伝統をうけ継ぎながらその水準を保っていきましたが、本山当局の監督の強化と、伝統主義的な保守的な立場に立って仏教の学や大学を考えようとする方々の一種の圧力というべきものが顕在化し、それが浩々洞系の人に対する批判という形で動いてくることとなったのです。

大学の外、宗門の野においては、すでに述べた暁烏先生に対する異安心問題が早く起こっていましたが、今度は大学において、大正十年、佐々木月樵先生が異安心の疑いをうけ、面倒を避けるためにヨーロッパへ一年旅行するという事態が起こっています。

先生が異安心の疑いをうけられた理由は、「大乗の三部経」という了解の提起であったと聞いております。ご存知のように、『教行信証』のなかに宗祖が最も多く引き、かつ重視しておられる経典は、『大無量寿経』、『華厳経』および『涅槃経』であります。ふつう三部経といいますと『大無量寿経』、『観無量寿経』および『阿弥陀経』の浄土三部経でありますが、これに対して佐々木先生が大乗の三部経といって、この三つの経典を重視せられた。そのことが真宗大学の要職にあるものとして不謹慎であるとされ、異安心として批判をうけるという事態に進みそうになったということです。現在から思うと、隔世の感がありますね。

十四　金子・曾我師の異安心問題

この佐々木先生の尽力で、金子先生や曾我先生といった方々が、教授として大谷大学へやってこられます。そしてこの先生方を中心として『仏座』という雑誌が出され、これを機縁として研究会がもたれて、新しいというか本来のというか、仏教の根本精神を探究し開顕していこうとする勉強会が続くのです。ところがこれが大学当局によって、片寄った主張をする研究会は存在を認めるわけにいかぬという理由で、解散を余儀なくさせられます。私たちは現在の教団状況しか知りませんが、四十年前の昭和初期には、このような厳しい統制があったのですね。

ところがそれで済めばよかったのですが、たまたま金子先生が西本願寺の真宗学研究所という所に招待されて講演をなさった。題は「浄土の観念」、「如来及び浄土の観念」です。前者が大正十四年、後者が大正十五年です。そして曾我先生が同じ真宗学研究所で、「如来表現の範疇としての三心観」という講演をなさった。それらの講演が出版され、ただでさえ異安心的ないき方をしていると注意されていた二人の先生の真宗理解が、改めて大きな問題となってきたのであります。

そのころ金子先生は、富山出身で哲学をおやりになっていた木場了本先生を中心に、ドイツの哲学者であるカントの本を読んでおられました。ところがご存知のように、カントの著作のなかには観念とか理念とか訳すイデーという言葉が、しばしば出てくるのです。そういう事情もあって金子先生は、「如来及び浄土の観念」という言葉づかいをなさったのでしょう。ところがこのことが、浄土の実在性をめぐって、教団の伝統的理解と真正面から衝突することとなってしまいました。

浄土すなわち極楽世界は、『阿弥陀経』に「これより西方、十万億の仏土を過ぎて世界あり。名づけて極楽となす」と書かれてあるのを、文字通りうけ止めて、西方に極楽世界が実体的に存在すると解するのが、当時の真宗理解のだいたいでした。金子先生はそれに対して「浄土の観念」という言葉をお使いになって、素朴な実在論的実体化した浄土観を超えようとなさったのであろうと思います。だが、この浄土の観念がいつしか観念の浄土といい換えられ、しかもその観念という言葉が哲学用語と日常語との十分な吟味も行われないまま論議され、金子は浄土は観念だというのかということになって、いろいろな人からずいぶん大きな問題として批判をうけられることとなったのです。そして結局異安心と断定されて、金子先生は僧籍剥奪、もちろん大谷大学の教授職は解職、こういう処分をうけられます。以後金子先生は、昭和十六年ごろ除名を解かれて僧籍を回復なさるまで、法衣を着ることができませんから、羽織、袴で仏教の講義をなさったのでした。このいわゆる金子先生の異安心の問題が、昭和三年です。

続いて昭和五年になりますと、曾我先生が大谷大学をお辞めになります。実際は追われたといってよいのでしょう。例の「如来表現の範疇としての三心観」が問題となるのです。だが、これはお読みになった方はお分かりと思いますが、極めて難解でしょう。このなかで、「法蔵菩薩は阿頼耶《あらや》識《しき》なり」といわれています。有名な曾我先生の命題ですが、この阿頼耶識というのは唯識教学の術語で、私という存在を表わす言葉でありますけれども、阿弥陀如来の因位である法蔵菩薩は、私という主体を成り立たせている阿頼耶識である、こういったのではおそらくすぐに分かった、というわけにはいかぬでしょう。

訓覇さんの言葉によりますと、金子先生の場合は、浄土の観念を観念の浄土といい変えて、実在する浄土を観念の浄土というのはけしからんといえば、これは誰にもすぐ分かります。けれども曽我先生の場合、題目をみても何のことやら意味が分からない。ただその文章のなかに、法蔵菩薩は阿頼耶識という言葉がある。法蔵菩薩もよく分からず、阿頼耶識にいたってはもう一つ分からないが、何か法蔵菩薩を阿頼耶識というのは、いかにも勿体ない、おそれ多いことだという批評が起こってきたということです。ところが訓覇さんの言葉をまたおかりすれば、どうも異安心臭いけれどもどこがどう正統安心と違うのか、誰も明確に指摘できなかった。だから異安心的だといって注意はされていたけれども、そう決めつけることができないままであったということです。

金子先生が追放されたとき、学生や教授は当然これを問題とし、非常に大きな反対運動が盛り上がります。その運動の中心になったのは、松原祐善先生や訓覇信雄師らでした。お二人とも今は老熟なさっていますが、当時からすでに学生名士というか、人を奮起させるような大演説の名手で、大きな影響力をもっていた方々であります。

ところが、そういう金子先生追放に反対して激しい運動をした人びとが、昭和五年の春卒業すると、卒業式の翌日、当時の本山の教学部長下間空教師は曽我先生を訪ね、辞職を求めています。曽我先生はこれをうけ、結局金子・曽我の両先生は伝統的権威の圧力のもとに、大谷大学を去っていく。そしてこれに対して、両先生を支持し、大学・本山のこの措置に反対する運動は、ついに少壮教授の連袂《れんべい》辞職、学生の総退学が決議されるという壮絶な形で、いわば大谷大学が立つか倒れるかというのっぴきならぬ形となって、金子・曽我問題は燃え上がったのでした。結局はしかしながら、学生の総退学は行われず、一部教授の辞職という形で紛争は収まったのですが、このいわゆる金子問題が与えた傷は、その後長く大谷大学に影響を残したと考えられます。

教団の歴史といいながら、先ほどから大学のことばかり話しております。しかし、大谷大学という大学のなかで起こっている問題でありますけれども、このことは、真宗の教えをどう了解していくかという教学の問題であり、その教学に一番責任のある大谷大学で問題の火が激しく燃えているのですから、教団全体が大きな影響をうける、その意味で教団的事件であります。

実はこの金子問題の少し前、龍谷大学でも野々村直太郎先生が『浄土教批判』という本を発表されて、これが非常に問題となった。浄土真宗の教えの要は往生、すなわち往生浄土であるけれども、往生という思想と近代の人間中心主義の考えとはどうしても矛盾する。しかもその浄土について指方立相《しほうりっそう》をやかましくいうが、そういう具象的な極楽浄土の荘厳は、いわば神話的表現であって、それに絶対的な意味があるわけではない。「船は出て行く、煙は残る」、その煙をおさえて論議してはダメだ、というような見解を提起されておるのでありますが、これがやはり異安心として問題となり、これをめぐって龍谷大学は激しい紛争に陥り、ついに野々村先生は解職・追放という処分をうけられることとなったのであります。大正末期のこの野々村問題、昭和初期の金子問題。真宗の両大学で期せずして真宗理解をめぐって、大きな異安心問題が起こってきたのは、何か象徴的な感じがします。歴史の動き、というものでしょうか。

金子問題で尋ねてみますと、高倉学寮を中心とする伝統的な真宗理解、ことに蓮如上人の感化を強くうけ、長い宗学としての歴史をもった真宗理解と、近代の思想に触れて、もっと実存的に、もっと主体的に自己の救済的自覚をかけて真宗を求め、真宗を学ぼうとする立場と、この二つの立場がきしみ始めてきたのです。そして異安心事件という形で、火を噴いてきたのではありますまいか。松原先生や訓覇さんたちは、この金子問題のとき、大学自由のスローガンを掲げて反対運動をなさったと聞いていますが、大学の自由という問題のもう一つ根底に、いま申している真宗をどう了解していくかという問題がひそんでいたと、考えられはしないでしょうか。

金子・曾我問題が起こったのが昭和三年、五年ですが、実は昭和四年には宗憲制定が、その直前にはあの句仏問題が起こっているのであります。全教団が、教団運営の上からも、教学の面からも、この時期非常に難しい状況のなかに投げ込まれているのであります。現在の紛糾した教団状況とほとんど同質の深刻な事態が、昭和初期、約四十年前にもわが教団に紛起《ふんき》しております。大谷派の運命でしょうか。

十五　興法学園の開設

金子・曾我両教授はこうして大谷大学を追われましたが、なおその両先生の講義が聞きたいという、強い希望をもった学生がおります。そういう人たちが奔走して、京都の鹿ケ谷に一つの学塾が開かれます。これが、昭和五年から八年まで続いた興法学園なのです。この興法学園に曾我・金子先生が出講され、ちゃんと時間割を組んで仏教学や真宗学の講義をされる。聴講する学生は少人数でありますけれども、真の仏教の学はここにあり、そういう気概が沸々としていたに違いありません。

かつて明治時代に清沢先生を中心にして、学塾浩々洞が生まれていた。その浩々洞にある意味で呼応するような歴史的意味をもって清沢先生の教えをうけられた両先生を中心として、昭和の初期に興法学園が誕生したのであります。興法学園という名はもちろん『御伝鈔』に、宗祖得度の因縁として記された「興法の因内に萌し、利生の縁ほかに催しによりて」にちなんだもので、曽我先生が書かれたこの「興法因内萌」という字を額にして掲げ、その下で講義を聞かれたと聞いております。この額は安田理深先生のお宅に伝えられていたのですが、今度の火災で焼失し、まことに残念なことであります。

こうして両先生に出講していただいて、青年学徒の共同生活という形で学塾が開かれましたが、その塾の共同生活の中心になっていた人が、安田理深先生であります。そしてここに園生として集まった方々が、松原祐善、北原繁、新田秀正、山崎俊英という、非常にまじめな青年学徒でした。ところがちょうど興法学園が開かれていたころ、同じ京都の下鴨神社の辺りを根城として、学生の非常に情熱的な信仰運動が始まります。中心におなりなったのは、もと岡山の第六高等学校におられ、やがて大谷大学に招聘せられた池山榮吉先生でした。

池山先生は『歎異抄』の信仰を非常に喜ばれ、『歎異抄』の信仰・思想というものを、若い学生の人と一緒に学び、かつ生きていかれたのであります。この集まりを学生親鸞会といいますが、その設立の世話をなさったのが、現在名古屋におられて『慈光』という雑誌を出しておられる、花田正夫先生でした。この学生親鸞会で育った人のなかに、京都府立大学の西元宗助先生、京都女子大学の宮地廓慧先生、専修学院長の信国淳先生、京都大学の東昇先生、こういった非常に純潔な信仰に生きられた方々がおいでになります。

学生親鸞会は一種の信仰復興運動といった性格をもち、情熱的な信仰告白をしていかれたようですが、その人びとが鹿ケ谷の興法学園に出かけてこられ、あるいは興法学園の方も学生親鸞会の方へやっていき、互いに親密な対話がなされていたのです。親鸞会の方は、信仰ということを非常に大切にする。興法学園の方は、浄土真宗の教えはただ感情ではなく、もっと確かな真理であり、それを教学という課題として明らかにすべく取り組んでいる。だから対話と申しましても、体験的な信仰の場に立つか、自覚的な教学の場に立つかというような問題がそこにあり、非常に激しく議論することも多かったと聞いております。

加えて、昭和の初期といいますと、ご存知のように日本の思想界では、共産党の弾圧が厳しく行われていたころです。学生のなかにもマルクシズムの影響が非常に強く入ってきて、マルクシズムの洗礼をうけた谷大生や龍大生が相当生まれていたのです。そして真宗をとるか、マルクシズムをとるかで非常に悩んでいたのです。そういう、社会主義的な思想に触れてしかも求道心を捨てない人、こういう学生たちがどこに自分の生きていく道があるのかと非常に悩み、興法学園に訪ねてきて、ここでしばしば仏教とマルクシズムとの対決という形で、大切な対話がなされたという事実がありますね。そのようにして、社会主義的な思想の挑戦をうけながら、親鸞聖人の仏教を学び、人間存在の問題を根源的に明らかにしようとする課題が、ここで背負われていったのであります。文字通り興法利生です。静かにお聖教を読んでおればよい、というのではなく、文字通り思想戦への参加です。

昭和の初期はまた、間もなく東北の飢饉による農村の大疲弊がくる。そして満州事変が始まる。少し溯って、大正八年の米騒動、あれ以来顕在化してきている日本の社会問題。その大きな問題提起のなかで、人間というものが改めて問われ、社会というものが重い問題として浮き彫りになってくる。そういうなかで、仏教はこれらの問題に何をもってこたえるのか。こういうように興法学園の先輩たちは、仏教を自ら学ぶ課題をとらえておられたのでありました。まったく悪戦苦闘の連続という外はありますまい。

こうして、明治三十三年に誕生した浩々洞が、一方では暁烏敏先生を中心とするいわゆる加賀三羽烏といわれた人々を核として、加賀の大地に立って、親鸞聖人の真宗をどう生きていくかという課題を背負い、教化という形をとりながら、群萌の大地で親鸞聖人の精神に帰ろうとする激しい情熱をもった運動として展開していきます。それが暁烏先生の香草会であり、高光先生や藤原先生の信仰運動です。ことにこの高光先生の感化のなかから、後に述べます真人社《しんじんしゃ》の信仰運動が生まれてくることとなります。他方では、先ほど来申してきましたように、京都で興法学園という学塾として、当時のさまざまな思想と触れあいながら、精神主義の大きな感化をうけつつ親鸞聖人の仏教の積極的意味を、教学として明確にしていこうとする努力として展開していきます。浩々洞の歴史的展開を、私はこのように、大きく二つの、教化と教学の歩みとして把握できるのではないかと考えております。

もう一度くり返して尋ねておきたいのですが、同朋会運動がどうして起こってこなくてはならないのかという理由を尋ねてみるとき、その遠い出発点として、明治時代の浩々洞の精神主義の運動というものを、思い起こさないわけにはいかないと申しました。その浩々洞の精神主義の運動が、一方では加賀での教化運動として、さらにまた他方では真宗大学を通して伝承されたのですが、真宗大学の場合、浩々洞に深い因縁をもたれた曾我・金子先生を大谷大学から閉め出すという形、つまり逆縁として、そこから興法学園という一つの学塾、あたかもかつての浩々洞を彷彿とさせるような青年学徒の塾を生み出していった。そしてこの興法学園を場として、先ほど申しましたような困難な課題と取り組みながら、浄土真宗の教学を再編成するという地道な努力が、ここに集うた先生方、先輩方によってなされていったのであります。こういう事実に、われわれは十分に注意しなければならないと思います。

この興法学園も、形の上ではある事情で昭和八年に一応閉じられ、金子先生は広島の文理科大学に講師として移っていかれました。京都での興法学園という教室は消えましたが、曾我先生の場合、京都では異安心として追放された先生のお話を聞こうという人はありませんが、真宗大学で先生に触れ、地方に帰っている方々を縁として、その招待によって曾我先生が地方に出講なさる機会が作られてまいりました。このことが、非常に大きな意味をもったのですね。一方では曾我先生が大衆、群萌というものに肌で触れていかれる。一方では田舎で生活をしている方々が、曾我先生のお話しを通して、清沢先生によって改めて取り戻されてきた親鸞聖人のご精神に触れていく。この両者の感応ですね。曾我先生によって宗祖のご精神に触れていった地方の求道者の方々が、やがて敗戦を機縁として真宗再興という願いに立ち上がっていったのであります。

このように、いわゆる大地に一粒の麦がまかれるという形で、浩々洞の再現である興法学園は散っていったのでありました。同じことは、暁烏先生たちのお仕事についてもいえるのでしょう。

十六　相応学舎の出発

ところで京都では、興法学園が終結した後、塾長格であった安田理深先生を中心として、学仏道場・相応学舎という学塾が改めて発足することとなりました。これは現在まで続いており、ちょうど昨日、四十周年の記念の集まりがあったのですが、安田先生を通して仏法に触れられた方々が数十名、全国から集まってこられておりました。たとえば現宗務総長嶺藤亮師、蓑輪英章師、西本文英師、下坂雄昭師、三松崧師……。一々お名前をあげることもありますまいが、出席された方々のお顔をずっとみていて、いかにも感慨深いものがありました。浄土真宗を生きるとは、こういう方々であろうかという感慨が動きまして、非常に印象深い会でしたが、ともかくこのように現在真宗を担って生きておられる方々が、興法学園の伝統のなかから生まれてきているのですね。

私事を申しまして大変恐縮ですが、私は曾我先生にお遇いできたご縁によって、昭和二十七年から相応学舎で勉強する縁をいただいたものです。私の相応学舎で学んだ経験から申しますと、同朋会運動であるとか、学習会であるとか、真宗を学ぶ会であるとかいいましても、仏法の学びというものは決して大袈裟な、騒々しいものであるはずはない。ちょうど親鸞聖人が法然上人にお遇いになったといっても、あの「ただ念仏して弥陀にたすけられまいらすべし」という法然上人の言葉に遇うて、挙体的な感動として仏法が聖人の身に響いてきた。宗祖はその感動を静かに内観しておられる。そういう単純明瞭な、静かなものではないでしょうか。

その相応学舎での経験のなかで、私に非常に印象深い出来事が二つあります。それは最初に安田先生の講義を聞きにいった夜、加来玄雄さんが、当時まだ学生でしたが、私をつかまえて、君は今度相応学舎にくることになったが、今きたのは自力できたのか、それとも他力できたのか、こういう質問を突きつけたのですね。えらいことを聞く人だと思いましたが、私は自分でこようと思ってきたのだから、自力できたのだと思う、こう答えましたら、「よし」といって入門を許可してくれました。あとで話しているとき、もし他力に促されてきたとでもいおうものなら、とっちめてやろうと思っていたんだといっていましたが、そういう非常に単純な、無邪気な事柄なんですね。そういう形でしかしながら、何か人生の一大事を共に学ぼう、こういう暖い励ましがそこに躍動している。こういうものが、私たちを仏法に縁を結ばせてくださるのですね。

相応学舎といいましても、家もなければ何もないのです。ただ学生の下宿を会場として、その部屋に先生がお出でになり、数人の学生がその講義を聞いていた。ただそれだけの形です。しかし蓮如上人は、「本尊はかけ破れ、聖教は読み破れ」といっておられるでしょう。必ずしも立派な施設、お寺を必要としない。どこへでもご本尊をかけ、そのご本尊のもとでお聖教を学んでいく。どこへでもいける。安田先生のお言葉を借りれば「移動教室」。これがわれわれの聞法の場所なのです。だから真宗の教えを学ぶ場へ出ることによって、教室をそこに作るのです。だから学生証はなくても、聞法者は立派な学生《がくしょう》ですね。仏教を聞くとは、学道です。人生の一大事を学んでいくのです。

仏陀の教えによって、生死をこえていく道を学んでいく。こういう所に立てば、同朋会といい学習会というものが、仏教の学道の正統を継ぐものと自信をもっていえてくるのではないでしょうか。

相応学舎について、もう一つ非常に懐しく思い出されるのは、高山に現在おられる三枝さんのことです。一緒に風呂屋にいき、背中を流しあいながら、「お前は清沢満之の研究をしているそうだが、今ごろ精神主義なんかいうものはもう古い。今は何としてもマルクシズムを学び克服しなければ、仏教はダメだ」、こういうことを熱っぽく私に語りかけてくださったことがあります。

風呂で背中を流しながら、お前の勉強なんかもう古い、こういってしかしながら非常に強靱な学道の姿勢を語って止まない。こんな先輩なんか、言葉ではいえない嬉しいものですね。さっき暁烏先生が浩々洞の生活を回想して、あのころのことを今思い出すと涙がこぼれると記しておられたと申しましたが、ああいう場所をわれわれがもつことができれば、人生の幸いこれに過ぎたるものはない。こういうことを感じます。同朋会運動というのも、何かそういうような、かつて浩々洞というような形をとった求道者の一つの共同体、和合というものを実現することができれば、運営とか形式とかでない大切なものが、そこに確保されるのではありますまいか。

十七　学仏道の歴史

ところで、ずっと清沢満之先生とその伝統について話して参りました。つまり清沢先生の求道に何か感銘をうけ、励まされながら、仏法を学んでこられた人びとの歴史をたどってきたつもりであります。ところが別な視点に立って考えてみると、そういう浩々洞系の人びとは、私たちの教団の主流、伝統的正統派からみれば、何か異端的な、何か異安心的な臭いを漂わせている人たちということになるのでしょう。現に金子先生ははっきりと異安心と烙印を押されましたし、しかも全体からすれば極めてわずかな少数派でした。

今も申しましたように、名前をあげれば十指もあれば足りるというような、必ずしも多くの数ではありませんでした。けれどもその人びとの果たしとげられたお仕事の大きさは、少数派とか異端派とかいう分別をこえた、純にして大なるものがあるというべきではありませんか。端的に仏法によって自己を明らかにし、自己によって仏法を証ししていった。その求道心が縁ある人びとを呼び覚まし、目覚ませ、立ち上がらせていった。そしてそのことによって、教団全体が浄化されてくる。こういう大きな歴史的な役割を果たしてきたのであります。個人の名をもしあげれば、清沢満之という人の名が表わすような求道の歴史、それを私たちは貴重な伝統としてこよなく尊敬し、また大切にしていかなければならないのではありますまいか。

今、異端的少数派と申しました。たとえば昭和二十七年に清沢先生の五十回忌が勤まりましたが、そのとき、大谷大学の山田亮賢先生が、佐々木月樵先生の甥御でもあられて、清沢先生は大谷大学の学祖であるのだから、大谷大学の講堂で五十回忌の法要を是非勤めたいと懸命に奔走なさったのですが、どうしても許可されなかったということを聞いております。学祖でありながら清沢満之を拒む、そういうものが大谷大学にすらあったのでしょう。あるいは宮谷内局が親鸞聖人七百回忌御遠忌御待受の仕事を進めていたとき、有名な『宗門白書』というものを発表したことがあります。その『宗門白書』に、清沢満之という人の仕事の位置が、宗門として初めて正当に評価された。宗門の進むべき方向が、清沢先生のお仕事によってはっきりと示されている。こういう評価を初めて与えたのですね。日本の思想界は、清沢満之に対する高い評価をすでに与えていますけれども、逆に宗門にあっては、今申したようなよそよそしい眼で先生をみるということが、牢固としてあったのですね。

以上のように大谷派の歩みの一つの筋をたどってみれば、大谷派教団の歴史が転回していくその要に、清沢満之先生が立っていたということがお分かりいただけると思います。そして現在の教団に、何故今度の「開申《かいしん》」のような、あるいはそれ以後の混乱が起こってくるのかについても、一つの見当をおつけいただけるかと思います。

第五講　本願寺教団の歩み

一　親鸞聖人六百五十回忌ご遠忌

清沢先生が東京で精神主義をとなえていたころ、京都の本山では、石川舜台師が寺務総長になり、いわゆる積極政策をとるのですが、そういう政策が失敗しまして、本山財政は再び破綻し、明治三十八年には負債総額が四百二十万円に達します。前年の三十七年には、負債の担保として枳殻邸はみな差し押えされるのですが、当時の四百万円といえば、今の百億位に達するのではないでしょうか。そういう莫大な借財をかかえながら、宗門は明治四十四年に親鸞聖人の六百五十回忌のご遠忌を勤めなければならない。その困難な事態のなかでのお待受けの先頭に立たれたのが、句仏上人であったのです。あの「勿体なや祖師は紙子の九十年」という句がありますが、この句ににじみ出ているような謙虚な祖師への思いに立って、句仏上人は草鞋ばきで全国の寺々を、お待受けを勧めるために巡化なさったのであります。

その句仏上人の青年時代をご補導申し上げたのが、清沢満之先生でありました。本願寺住職というのは非常に尊い職務であるから、どうぞその徳行においても、学問においても欠けるところのないように、立派な御法主として門末の鑑《かがみ》となっていただきたいと、衷心からの願いをもって、いわゆる新門教育をなさったのでした。そのこともあって、句仏上人は非常に立派なご法主ぶりを発揮なさったと聞いています。そういう上人を先頭にして、全教団人が力をあわせ懇念を運んで、明治四十四年に非常に盛大に六百五十回忌のご遠忌が営まれたのでありました。

そのとき、ご遠忌を記念して本願寺では、当時は未だ明治二十七年に完成したあの両堂だけでしたのが、周囲の塀と堀、大師堂門をはじめとする諸門、書院群、そういうものを完成して、現在の結構ができ上がったのであります。忘れられてはいけませぬから申しておきますと、あの白書院と黒書院は、どちらも戸田猶七という方が一人で寄進なさった、一建立の建物であります。玄関門は能田源太郎という方が、一建立されたものです。寺務所門は、加藤甚助という方が一人で建立されたのです。これらは皆有力なご門徒だったのでしょうが、そういう多額の寄附をなさった方々をはじめ、全国の門末が非常な努力をして、六百五十回忌のご遠忌は非常に賑々しく営まれました。その有様は里村保さんが『本願寺教団』のなかに、みごとに書いておられますので、そのまま読んでお伝えしましょう。

大遠忌法要。四月十八日から二十八日まで行なわれた宗祖聖人六百五十回御遠忌は「門末の宗門護持の熱誠高潮裡に、劇的に勤修されていった」（松本専成、『真宗』七七八号）のである。御遠忌を記念して三門（大師堂門、本堂門、勅使門）の建立、白書院等の新築があるが、大師堂門の建立に参加した諸職工人員は三年間に二十六万六千余人にのぼり、（宗、M・44・12）御遠忌費用は負債償却をふくめて三百八十五万円、米価に換算して、当時の十万円が現在の一億五千万円に相当するとすれば、じつに五十七億七千七百五十万円であった。（宗、S・43・11）京都烏丸六条の一角に一万の僧侶、百万の門徒があつまったのである。六月十五日に発行された「宗報大遠忌号」によれば、夜の参拝者の統計を四十一万九千と記しているし、昼の参拝は「熱烈なる信仰の憧憬に、理否を弁へ兼ねし人々の団をなしての襲来は、混雑に一層の混乱を増し、制しても制し切れぬに、勢ひ警官の応援を得て、辛じて事なきを得たるが如きも屢々なりき。」というありさまであった。鉄道院（国鉄）は四十本の臨時列車を運転し、また、特に梅小路駅を設けたが、「鉄道従業員は梅小路、京都駅共昼夜兼行の状態なりき」であった。

二　水平社の問題提起

この空前の盛儀であったと伝えられる大法要をもって、宗門の明治時代は終ります。実際、宗門の一つの時代が終ったという感慨が深いですね。やがて大正となり、間もなく第一次世界大戦が始まります。そして成金を生み出した好況はすぐ不況に変り、大正六年にはロシヤ革命が勃発し、ソ連が初めての共産主義を掲げた国家として成立します。その有形無形の影響が世界中に拡がっていくなかに、日本にも社会主義の思想の流れが大きく流入してくる状況になってきます。そういう状況のなかで、大正八年、米騒動が北陸にまず起こり、非常に広い範囲に暴動的な様相をもって拡がっていきました。そして大正九年には第一回メーデーが行われ、大正十年には国家の力によって、大本教が徹底的に弾圧されます。

このように大正期に入るとともに、一面ではいわゆる大正ルネッサンスといわれるように、明治時代とは違った自由の主張と享受が実現した。と同時に社会の亀裂、いわゆる社会問題というものが、大きく日本の深刻な問題として歴史の前面に出てくるという時期になってまいります。そういうなかで普通選挙法の実現が要求され、推し進められていく。この普通選挙法、つまり所得税による選挙資格の制限を撤廃しようとする選挙法が施行されるのは昭和三年、ご存知のように治安維持法と一緒にでありました。ふと思い出しましたが、その普通選挙法が成立するまで、僧侶は被選挙権は認められていなかったのですね。坊さんは、真宗の僧侶をも含めて、議員なんかに出る資格はもっていなかったのです。いうまでもなく、出家という昔からの考え方に基づいていたに違いありません。

そのように、大正デモクラシーと呼ばれる状況のなかで、民主化が少しずつ進んでいくのでありますが、その状況のなかで、社会問題、共産主義という思想問題が、避けることのできない問題として、日本の社会にいわば突きつけられてきた。それを最も鋭い形で教団に迫ってきたものが、あの水平社の運動であり、水平社の本願寺に対する要求であったのであります。

水平社が設立されたのは大正十一年でありますが、これについては、真宗同和問題研究会で刊行された『人間解放と真宗教団の課題』のなかで、当時の状況が次のように記されております。

大正十一年三月三日、京都岡崎公会堂には「三百万人の絶対解放」、「解放・団結・自由」等と大書された幕や旗がひるがえり、三千人をこえる部落大衆によって会場は埋めつくされていた。この歴史的な日に集った大衆の歓喜の中で、あの有名な水平社創立宣言が読み上げられた。それは「全国に散在するわが部落民よ団結せよ」と呼びかけ、世間から同情融和的になされて来た運動がかえって人間を冒瀆するものであることを暴露し、自らの解放を自らの手で勝ちとるべく立上った宣言であった。「水平社はかくして生まれた。人の世に熱あれ、人間に光あれ」という言葉が示すように、それは「人間誕生の宣言」であったと云える。

この水平社の設立の中心になった人びとのなかに、たとえば西光万吉氏というような本願寺派の青年僧侶がおりました。そういう事情もあって、初期水平社には親鸞聖人の教えをうけた方々が設立の運動を担っていかれたということのために、「人の世に熱あれ、人間に光あれ」という言葉がよく示しているように、ある意味で強い宗教性が流れていたようであります。その設立のときの決議のなかに、「部落民の絶対多数を門信徒とする東西本願寺が、此際、吾々の運動に対して包蔵する赤裸々なる意見を聴取し、其の回答により機宜の行動を取ること」という事項が入っております。

ご存知のように、被差別部落の人びとの八割は、真宗門徒なのですね。その大多数は本願寺派ですけれども。そういう事情と、それに加えて真宗僧侶である方々も創立者としてこの運動を担っていかれたのですから、この要求を単に教団の外の問題として見過ごすことのできない、鋭い問題の投げかけであったのです。そして、この設立時の決議に立って、東西両本願寺に対して募財を拒否する。こういう非常に鋭く厳しい問題を、本願寺は投げかけられたのであります。

「部落内の門徒衆よ‼

われわれは今日まで、一般世間から軽蔑せられ、同じ御開山聖人の門徒仲間からさえ人間らしい交際をしてもらえなかった。そこで、われわれは今度水平社を組織して、この忌わしい差別を除こうという運動をおこした。ついては、われわれの実力を養い立派な生活ができるようにすることが第一だと思う。それには色々な方法もあろうが、まず第一に、本願寺にお頼みして、向後二十年間なんのお取持ちも見合わせてもらうことにして、この費用で実力を養いたいと思う。本願寺に莫大な懇志を運ぶことも結構かはしれないが、われわれが早くこの忌わしい差別を取り除いて、真に御同行・御同朋と仰せられたように、どんな人たちとも交際できるようにする方が、どのくらい御開山様の思召しに適うことかも知れない。」

こういう叫びが大衆に訴えかけられているのであります。この叫びをうけて西本願寺では、一部僧侶の間に黒衣同盟が結ばれ、教団改革と部落解放とを課題として、祖師に帰れという一つの激しい主張が燃え上がってまいったのです。この社会的に厳しい問いかけは、大谷派に対してももちろん投げかけられたのではありますが、しかし当時教団は十分にその重要性を認識することができず、わずかにたとえば武内了温先生というような先覚者が中心になって、真身会を作ってこの問題に取り組み始められるのであります。しかし、この水平社創立の動きのなかで、初めてはっきりと御同朋・御同行と仰せになった親鸞聖人の呼びかけのもっている重要さが浮き彫りになって出てまりまして、私どもは今改めてこのことを、非常に厳しい問いかけとして受け止めなければならないのではないでしょうか。

このように投げかけられた問いをきっかけとして、親鸞聖人の立場というか、浄土真宗は人間を社会的視点においてどのように見るのであるか、ということを尋ね直さなければならないのであります。

ご存知のように悪人正機ということが、浄土真宗の信仰の画期的な自覚としてあります。宗祖が晩年に仰せられた言葉にも、こういうのがあります。「われらは善人にもあらず、賢人にもあらず、精進の心もなし。懈怠《けたい》の心のみつねにして、内は空しく、へつらう心のみにして、まことあることなき身としれ」。そしてまた、「石・瓦《かわら》・礫《つぶて》のごとくなるわれら」とか、群萌という言葉がしばしば語られております。このわずかな言葉を手がかりにして尋ねてみても、浄土真宗の信仰は第一に二種深信であることは、ご承知の通りであろうかと思います。二種深信のうち、ことに機の深信。自身は現にこれ罪悪生死の凡夫であると信知する。内面の信仰的自覚として、本願を信ずる心は自己の罪深い身であること、その意味で悪人であることを、はっきりと信知している。

ところが親鸞聖人は、この自覚をさらに展開して、機の深信はどこまでも内面の自覚でありますけれども、さらに一歩外に向かってこの自覚が展開し、「われらは善人にもあらず、賢人にもあらず」といい、「石・瓦・礫のごとくなるわれら」と、このようにいわなければ済まないものが動いております。実際宗祖がそこに身を置いて生活を共になさったのは、いなかの人びと、つまり当時の日本の中世の社会のなかで、もっとも低くみられ、しいたげられていた人びとのなかに自分を置こうとしておられたようであります。それが群萌を同朋として生きると願い続けられた、宗祖の姿勢だったのではないでしょうか。何かそういうところに、内面の機の深信の促す社会的立場というものがありはすまいか、こういうことが改めて思い起こされると同時に、親鸞聖人の同朋観ということを私たちが口にするときには、非常に厳しい課題がそこに問いかけられているということを、見落してはならないと思います。

現在同和問題といいますのは、一面では一部の歴史的重荷というか、差別の不当な偏見を投げかけられている人たちが、結婚であるとか、就職であるとか、あるいは生活環境の劣悪さであるとか、そういう市民的権利が保障されないままに、差別の偏見のなかに不当にも投げ出されている。それを克服して、人間が本当に尊重される社会を実現する、こういう願いをもつ運動でありましょう。そしてこれはいうまでもなく、国民全体の取り組まなければならない課題なのでしょう。

それに対して、われわれ真宗人の宗教的課題としては、宗教的自覚において差別を妄執として破って、人間を内から解放する、いいかえれば機の深信において人間の妄執を破り、しかもそのまま「念仏者は無碍の一道なり」といわれるような無碍道に、人間を立たせていく本願の信の積極的意味、そういう親鸞聖人が身をもって生きられた信仰というものが、人間の根源的解放に対してもつ意味を、われわれ真宗の教えに縁をもつものは、よくよく見直していかなければならぬことが思われるのであります。

三　立教開宗七百年記念法要

さて、このように水平社の人びとから、御同朋・御同行でありたいという鋭い叫びがあげられたのでありますが、この切実な教団への訴え、要求というものを十分に受け止められないまま、翌大正十二年、真宗は立教開宗七百年の大法要を勤めます。明治四十四年のあの宗祖六百五十回忌のご遠忌と同じように、再び京都の本山に地方から延べ五百万人にものぼる大群参があり、型の如く賑々しく大法要が営まれたということであります。

立教開宗を記念して法要を営むというのは、もちろんこれが初めてですが、立教開宗というのは、いうまでもなく『教行信証』が書かれた事実をもって、それとするのです。この『教行信証』が書かれたのが元仁元年、宗祖五十二歳の時とするのが当時の定説でありましたので、この大正十二年をもって立教開宗七百年と計算し、この年を記念して改めて『教行信証』の精神を発揚しよう、こういう趣旨でもって大法要が営まれたのでありました。

法要のやり方は、型の如くでありましたが、ただこの法要のとき、初めての試みとして勤行のなかに同朋唱和が採用されます。お参りになった人びとが、一緒に『正信偈』を唱和しよう、こういう新しい形の勤行が、このとき初めて行われたのであります。今一つは、現在使っております「真宗宗歌」が、この記念法要のとき、真宗各派共同で制定されたのですね。だいたいそれまでは、教団の大法要といえば毎年の報恩講と、五十年ごとのご遠忌でした。そういうしきたりを破って、この大正十二年に教団が初めて立教開宗、いわば真宗の誕生を記念して大法要を行ったということは、そこにやはり時代の求めといいますか、国民的規模での親鸞への関心の高まり、こういう事実があったというべきではないでしょうか。私は大正十二年の立教開宗記念法要を、このような視点でとらえられないかと考えておるのですが、これに関して二つばかりの事柄をあげてみたいと思います。

第一は、清沢満之による『歎異抄』の発見、近角常観による『歎異抄』の普及。これがまず、親鸞聖人に対する新しい地平を開いた仕事でしょう。そういう地盤の上に立って、大正五年に倉田百三氏が『出家とその弟子』という有名な戯曲を書き、ただちにそれが上演された。この『出家とその弟子』が与えた感化の大きさ、読まれた範囲の広さは画期的でありまして、それまで宗門の外にあって、真宗あるいは親鸞に触れることのなかった数多くの日本人が、倉田さんのこの本を通して、初めて人間親鸞というものに触れていったのです。親鸞の名を国民的規模に拡げたのは、この本の功績だといってよいのではありますまいか。倉田さんは実は私の隣の町の出身なのですが、病気などのために人間として非常に苦労をされた。その苦闘ともいうべき体験のなかから、親鸞聖人の慈悲の精神に触れ、安心立命を得た人なのです。

この『出家とその弟子』は、今改めて読んでみると、もちろんいろんな問題はあります。この作品は、キリスト教ふうの香水をふりかけられた親鸞だ、こういう批評もあります。キリスト教ふうのオブラートでくるんだ、読みやすい親鸞云々という批評もありますが、それはそれとして、今まで知られることのなかった人間親鸞、人間として深く悩んだ人であり、その意味で人の心の琴線にじーんと響いてくる人、そういう親鸞が初めて国民の前に浮き彫りにされた。そういう意味で、歴史的書物だといってよいと思います。

第二は、大正十年に西本願寺の宝蔵のなかから、『恵信尼書簡』が発見されたということです。恵信尼というのは、親鸞聖人の奥方です。『恵信尼書簡』というのは、恵信尼が末娘の覚信尼に、故郷である新潟から書き送られた、十通ばかりの手紙のことです。弘長二年の十一月二十八日、親鸞聖人は京都で亡くなられた。それを臨終にいあわせた覚信尼が、越後にいる母親恵信尼に手紙で報らせます。それを受けとった恵信尼は、すぐ夫親鸞の喪に服し、そして夫の臨終をみとってくれた末娘に手紙を送って、娘の疑問に答え、夫親鸞聖人についてのいろいろのことを報らせてやるのです。その恵信尼の手紙一束が、西本願寺の蔵から発見されたのですね。これによって、親鸞聖人の人間としての側面、具体的な生涯の出来事というものが、くっきりと分かってきたのです。

たとえば最初の手紙には、「この文ぞ、殿の比叡の山に堂僧つとめておはしけるに……」と書き始められています。実はこの文章によって、親鸞聖人は比叡山時代、堂僧つまり常行三昧堂の堂僧であったことが、初めてはっきりと分かったのですが、面白いことは親鸞聖人は奥さんから「との」と呼ばれていたんですね。あのむつかしい顔をした親鸞聖人が、奥さんから「との」と呼ばれていた。

こういうことを知ると、俄然親鸞聖人の家庭生活、肌の匂いを感ずるような気がいたします。妄想をたくましくしてみると、越後で親鸞聖人は随分ご苦労をなさったでしょうが、やがて恵信尼と家庭をもたれ、子どもさんも生まれてくる。もちろん流人ですから、住いといっても小屋のようなものでしょう。宗祖はすでに沙弥《しゃみ》となり、戒は捨てられたでしょうが、衣はやはり着ておられる。そうすると、住いの壁には宗祖の衣がかかっている。そのそばには、奥さんの着物などもかけてあったでしょう。その下の辺りには、子どもさんの着物やおしめなども置いてあったかも知れない。そういう生活者、いなかで貧しい生活をした人としての親鸞聖人。そういう匂いがしてくるようですね。

法然上人との出遇いについては、このように記されています。

「山を出でて、六角堂に百日籠らせ給て、後世を祈らせ給いけるに、九十五日の暁、聖徳太子の文を結びて示現にあずからせ給て候ければ、やがてその暁いでさせ給て、後世の助からんずるえんにあいまいらせんとたずねまいらせて、法然上人にあいまいらせて、また六角堂に百日こもらせ給て候けるように、また百ケ日、降るにも照るにもいかなる大事にもまいりてありしに、ただ後世のことは、よき人にもあしきにも、同じように生死出ずべき道をば、ただ一筋に仰せられ候じを、うけ給わり定めて候しかば、上人のわたらせ給わんところには、人はいかにも申せ、たとい悪道にわたらせ給べしと申とも、世々生々にも迷いければこそありけめとまで思いまいらする身なればと、様々に人の申候し時も仰せ候しなり。」

完全に、『歎異抄』第二章に「親鸞におきては、ただ念仏して弥陀にたすけられまいらすべしと、よき人の仰せを被りて、信ずる外に別の子細なきなり……」と語られている、法然・親鸞お二人の関係を裏書きしていますね。

この『恵信尼書簡』の発見によって、歴史学界に親鸞研究の機運が動いていく端緒が開かれたのです。そして、一時代前、清沢先生が出る前ごろのある時期には、親鸞聖人は歴史的に実在した人ではない、真宗の宗門が開祖として作り上げた架空の人物であるというような、いわゆる親鸞抹殺論さえあったのですが、そういう消極的な親鸞論をくつがえし、一転して何か民族が生んだ非常に大切な宗教者として親鸞聖人をみていこう、こういう気運が教団内外に盛り上がってくるのです。そういう大きな潮流のなかで、立教開宗七百年の記念法要が、さっき申したような形で盛大に営まれたのだ、このように事態を把握することができようかと思います。

四　句仏上人の退隠

賑々しい立教開宗七百年記念法要の二年後、大正十四年にいたって、宗門は非常に困った問題に突き当たりました。句仏上人の管長退任、限定相続という問題であります。

句仏上人は先ほども申しましたように、明治四十四年の宗祖六百五十回忌を勤められましたころは、非常にご立派な法主であり、全門末の先頭に立ってその職分を果たされ、非常に信頼され期待された方でありました。けれども後半生にいたって、どういう事情がありましたのか、非常に不幸な事件を惹き起こされ、宗門を大きな混乱におとしいれられるという、まことに残念な人生を歩まれました。というのは、管長としていろいろな事業を計画なさり、これには例の石川舜台師も一枚加わるのですが、それによって本願寺の収入を安定させかつ増やそうとなさったのであります。けれども計画はことごとく失敗し、かえって上人は莫大な負債を背負ってしまう、こういう事件であります。

上人は本願寺住職でありますが、また伯爵大谷家の家長であります。文字通り貴族の方です。それが生き馬の眼を抜くような実業界に入って、何かをしようとなされた。周囲には当然いろんな取巻き連、しかも得体の知れない取巻き連が集まりまして、非常に不明朗な、不健全な状態になってしまう。結果は当然のように計画は失敗し、加えて句仏上人の個人的な浪費もあったのでしょう、膨大な負債を負われてしまったのです。その額についても、誰も正確には分からない。百万円という説もあれば、三百万円という説もある。寺務に責任をもつべき寺務所でさえ、その負債額を把握することができないという、まことに困った状態にたちいたったのです。

このことは非難をしようと思えば、身のほども知らず営利事業を営まれて、浪費して、不明朗な第三者の介入を許されて、ということになるのでしょうが、しかし事態をもう少し大きな眼でみれば、そこには句仏上人の管長としての苦悩ということもあったというべきでしょう。

つまり真宗大谷派の最高責任者として、非常に大きな負担、責任というものが、重くのしかかっていた。何かと申しますと、ご存知のように真宗教団というものは、伝統的に農村に地盤をもっておりました。その農村が大戦後の不況というような、日本の社会の動揺のなかで疲弊してきております。その農村によって支えられている真宗教団も、当然その波をかぶって、財政的に大変不安定になってくる。それに加えて激しく動いていく社会に対応するために、教団はいろんな事業を手がけ、取り組まなければならない。たとえば外地開教一つを取ってみても、莫大な資金が必要なのでしょうが、どこからその資金を得るのか。なるほど明治十八年に相続講ができ、大正の終りごろになるとすでに定着して、大谷派の教団財政の大きな柱になっている。しかしそれだけでは、ふくらんでいく教団財政を賄い切ることができないし、相続講を担っている農村自体が、今申しましたように動揺してきている。こういう状態のなかで、どうして安定した多額の教団活動の資金を得るか。こういう一種の不安と焦りですね。これが句仏上人にも動いたであろうことは、当然考えられます。そしてそれを実現するために、事業を起こそうとなさったのではないでしょうか。

ただしかしながら、句仏上人は取巻き連と相談されて、私的な形でこれをなさった。一番大きいのは、満洲（中国東北部）に一億坪だかの土地を買い綿花を栽培するという計画を立て、完全に失敗する。こんなことが続いたのでしょう。最後には、占い師などにそそのかされて、本山の境内を掘り起こすというような、妙な噂までたちました。だが、私は単に句仏上人の浪費的性格とか、収入への関心とかいう個人的動機だけでこの事件をみるのではなく、今いったような教団の安定した収入源をどうして確保するかという焦りが上人にあり、それを事業に求めようとされたのだ、と了解すべきではないかと思うのです。このことについては、松本専成氏が『真宗』に非常によく書いておられますので、ここで紹介いたしましょう。

「教団は近代化する社会の発展に対応して、布教・教学面で従来の数倍の事業量を消化することをせまられていた。その資金は、幕藩時代以来の収納体制ではとてもまかなうことはできない。そこで寺有財産利殖を名として有価証券投資にみちを求めた。彰如上人（句仏上人）ご自身にも切迫した危機感をお持ちであられたろうし、側近の人も、寺務当局者も同じことではなかったか。上人には伯爵大谷家の資産があった。門末の触れることができない内事予算があった。真宗大谷派管長という声望があった。

彰如上人御退隠の事情については、簡単ながら昭和四十二年九月法藏館から発行された『日本仏教史　Ⅲ　近世・近代篇』が要をつくしている。

『民衆の信仰心を基礎に、近世・近代を通じて最も強固な教団組織をもった真宗両本願寺は、大正期に宗門史上まれにみる動揺を経験した。本派本願寺は大正三年四月、第二十二世宗主大谷光瑞が管長・宗主の職を退き、大谷派本願寺は、同十四年八月、第二十三世法主大谷光演（句仏上人）が、管長、法主の職を退いた。この引退はたんに宗門の行政上の問題によるものではなく、経済機構の根本的動揺をしめす事件であった。（中略）近代化のややおくれた大谷派本願寺は、（西本願寺が経験したと）同じ現象を大正末期に暴露するが、その経済的困難は（東西本願寺とも）大同小異で、光演法主自らの消費、朝鮮・天津・カナダなど海外投資事業の失敗、投機の損失、それにさらに占師に煽動された本山境内発掘事件まで明るみに出て、六百五十万円に達する借財を背負い、ついに引退を余儀なくされ本山と対立して僧籍さえも一時失うに至った。』」

この大きな負債をかかえられた句仏上人をいただく本山当局は、非常に困惑して八方手を尽くしたけれども、どうも十分に内事と意思の疏通ができず、事件処理が進まない。結局「三機関」と呼ばれた宗門の正式機関が、事件処理の中心になったのです。三機関というのは、耆宿会・議制会・会計常務員会で、今の制度でいえば、だいたい宗務顧問会・宗議会・門徒評議員会に相当しましょうか。この三機関が宗門を代表して、この事件の処理に当たり、結局、句仏上人には法主・管長・本願寺住職の三つの職を退いて隠居していただくこととなったのです。

その後、当時新門であられた当門様が継職なさるのでありますが、句仏上人が負われた負債が、その内容が正確に摑めないような不健全なものでありましたために、普通の相続をすることができない。したならば、父君の句仏上人の負われた膨大な借財もそのまま当門様がうけ継ぐことになり、当時新門として財産をおもちでない当門様は、たちまちその借財を背負えないで、また退任しなければならなくなる。こういう事情で、三機関協議の上、当門様は限定相続をなさる、という形をとったのであります。

これに対して宗門の世論は真二つに割れ、限定相続をすることは親子の道に背くと主張する人、大谷家・本願寺・大谷派のどの立場をとってみても、限定相続をする外はないとする立場、双方の主張が入り乱れて宗門は非常に紛糾したのであります。このとき句仏上人に同情申し上げて、私財を投じてその負債の返却に当てられた方々も、ご門徒のなかには少なからずおられたことでしょう。けれども一応限定相続ということに決定し、当門様が大正十四年に継職なさいます。ところが引退された句仏上人は、なお大谷派の僧籍をおもちであります。しかも元本願寺住職でありますから、いろいろそれを利用する取巻きもあり、上人がこれまでなされたようなお振舞いが依然として続いていく。そこで止むなく昭和四年、前法主であられる句仏上人の僧籍削除という前代未聞の措置が、とられたのであります。

こうした混乱のなかで今のご法主が継職なさり、そのとき「御直書」をお出しになって、新管長としての基本姿勢を全教団にお示しになります。最近、いろんな出来事を通してよく耳にされたと思う、あの三つの基本方針の発表ですね。すなわち、同朋公議・一派更新・宗基培養の三方針であります。そしてこれに基づいて昭和四年に、大谷派宗憲が制定されたのでありました。それまでは前回申しました、例の大教院分離の結果制定された、あの宗制寺法というものがありまして、これが大谷派家憲とともに、現在でいう宗憲の役割を果たしていたのでありますが、これを改正して、大谷派宗憲が制定されたのです。

これによって簡単にいえば、宗制寺法の管長専制主義、君主専制的精神に立つ体制であったのを、宗憲の、いわば立憲君主的な体制に改めていこうとしたのです。それまで本山の事務所は、寺務所と呼ばれておりました。それが大谷派宗務所と改められ、寺務総長は宗務総長に、議制会は宗議会というふうに、現在の呼び名に変えられたのであります。さらに、大谷家名義であった宗門財産は、この機会に本願寺名義に改められたということです。

このような非常に重苦しい出来事が、大正の終りから昭和の初めにかけて、宗門に起こっている。のみならず本山のこの句仏事件とともに、教団の教学の場である大谷大学では、曽我・金子両先生の異安心追放事件という問題が、同じ時期に起こっている。文字通り動乱の宗門史であります。そういうものをともかく乗りこえて、昭和初期の大谷派は、新しく作った宗憲に依り所を求め、宗議会による議会制民主々義をともかく作って、教団を運営してまいりました。それによって、一応真宗王国の伝統が守られていったのです。

五　真宗の伝統と国民的親鸞理解との亀裂

昭和の初めというと、私は三年の生まれですから、私の幼年期・少年時代であります。あのころのことを思い出してみると、中央ではこんな面倒な出来事があったのでしょうが、なお宗門の伝統的な力は、社会的にも確固として持続していたのですね。私の寺のことを思い出してみますと、いなかの小さな寺ですが、たとえば春秋の彼岸会などには屋台なども出て、お参りの人に飴など売っており、のどかな農村のお寺参りの風景がありましたね。報恩講になると余間まで一杯の参詣があり、大逮夜の夜には文字通りお通夜をして、初夜・中夜・後夜までの説教がありまして、念仏の声が本堂に満ちておりました。

あるいはまた、ご本山の大屋根という言葉とか、歴代ご法主のご苦労とか、あるいは妙好人の方々のお話とか、そんなものに一種の感動を覚えていた記憶も、本当に懐しく思い出します。たとえば三河豊田の辺りのあるお同行は、大風が吹いたときむしろをもってきて、軒に立てて風を防いでいた。「何をしているんだ」と聞いたら、ご本山に風が当たらないようにと、むしろを風に向かって立てているのだと答えたといいます。この懐しい真宗の伝統、そういうものが昭和の初めのころの日本社会も、教団も非常に苦しんでいたころに、まだ力あるものとして相続せられていたのですね。

しかしながら、私どもはまだ子どもで何も知りませんでしたが、今改めて歴史を学んでみると、教団の教学の場では金子・曾我問題が起こって、教団全体が大きな混乱のなかで苦悩していたわけです。そういうなかから興法学園などが生まれ、異端的少数派とみられながらも、次第に浮き彫りになってくる社会問題、あるいはマルクシズムと触れあいながら、真宗の新しい教学を形成するために、先輩方は悪戦苦闘しておられたのです。そういうものとどこかで呼応しながら、大正五年には倉田百三の『出家とその弟子』が、しかも教団の外で、書かれてくる。そして大正十年になりますと、吉川英治が『親鸞』を書きますね。やがて山中峯太郎が、やはり『親鸞』を書く。石丸悟平が、いくつかの親鸞論を書く。

こういうふうに仏教文学という形で、親鸞は教団に直接関係のない人びとによって次々と尋ねられていくのです。さらに昭和九年になりますと、友松円諦師がＮＨＫから、あの画期的な『法句経』の講義放送をなさる。原始経典である『法句経』のこの放送が非常な人気を呼び、やがて本となって出版されます。それに続いて高神覚昇師が『般若心経』を講義なさって、これがまた出版されて空前の宗教書ブームが生まれてまいります。友松円諦師の神田寺を中心とする真理運動、これはもう皆様よくご存知のことと思います。

こういう出版等によって、一種の宗教復興というか、宗教ブームが、昭和十年前後から花を開いていたのです。それと並行して、先ほど申しました『恵信尼文書』の発見が機縁となって、「史上の親鸞」を尋ねる歴史学的研究が非常に発展してき、宗門がご開山として祀り上げていた親鸞聖人とは違った、もっと生々しい、リアルな親鸞像が新しく学び取られていきました。いわゆる親鸞像の変革ということが起こって、それが宗門外の数多くの人びとに、日本の非常にすぐれた宗教者、この矛盾の多い人生を生きる力の源泉を告げるものとして、親鸞に関心をもち、問い、学んでいこうというものを生んでいったのであります。

ところがこれに対して、宗門に育ったわれわれには非常に懐しいけれども、既成教団のなかでそれを維持するという以上に必ずしも力のなかった、伝統的な真宗のご安心が伝承されていた。だが、これは今申したような、苦悩多いこの人生を生きる力としての信仰を、宗門に縁のない日本人大衆に訴えていくことが、必ずしも十分にできなかった。ですから宗門に関係があるとかないとかでなしに、そういうものをこえて日本人として、人間として、親鸞聖人に生きる光を求めていこうという要求に、いわゆる既成教団であるわが宗門の主流は、ほとんどその役割を果たすことができなかった。こういう状態を見ないわけにはいかないのではないでしょうか。何かいろんな努力が、宗門という枠のなかに閉塞してしまって、もっと大きな仕事ができない。そこの深い溝ですね。これが昭和になってから戦争まで、教団がたどっていった運命、重い運命であったといってよろしいと思います。

たとえばこのころに、木津無庵という方がおられます。この方は、こういう状態を深く反省されまして、真宗あるいは仏教というものは人間の宝だという信念に立って、『新訳仏教聖典』を編集されるのです。これをもって全国の師範学校を巡回し、日本人の教育という大切な仕事を担当する教師となっていく師範学校の学生に、仏教の精神を理解してもらおうという大きな願いをもたれ、実際にこれを実行し、講演をして廻られております。

この仕事は非常に大きな感化を与えましたけれども、この仕事のなかで木津先生は、昭和二年ごろ百校ほどの学校で、学生を対象として、一万枚のアンケートを取られたそうです。その集計をみると、八〇％までが仏教を誤解しているか、無関心であった。くどいようですが、一方には真宗王国の強固な伝統は一応あるのだけれども、たとえば師範学校の学生のほとんどは、無関心のままであった、この事実ですね。彼らがいだいていた仏教観はほとんど否定的なものでして、仏教は厭世的である、非現実的である、迷信的である、諦め主義だ、弱者の慰めだ、僧侶のための仏教でしかない、淋しく暗い、陰気臭い、死人のための仏教だ、偶像崇拝に過ぎない、ざっとこのような調子です。現在と同じですね。

このような木津先生などのご苦労もありましたが、一方では宗門の伝統的な真宗観、一方ではそれとほとんど無関係に浸透し拡大する国民の親鸞観、この両者の間には何か裂け目があり、宗門がこの裂け目を乗りこえて、国民的規模で親鸞聖人の独自性を明らかにし、訴えていくことが十分できないままに、日本は戦争に突入していったのであります。

六　戦争とその傷

戦争と真宗。この重い問題については今はっきりといい切ることができません。私の力では誠に申し訳ありませんが、的確に事態を把握し、了解する力がありませんので、割愛することをお許しいただきたいのです。

一方では戦争責任という問題、教団の戦争への協力と責任という事実があり、これが問題として鋭く指摘され、批判されるということがあります。これについては謙虚にうけ止め、いわば教団の自己批判ということが課題となるのでありましょう。これについて言及することは、ここでは避けさせていただきますが、戦争のために宗門あるいは真宗の伝統は、非常に大きな傷をうけたという事実を、ここで思い起こしておきたいのです。なるほど思想運動とか、国民精神の刷興のために、真宗のもつ教化力が動員された事実はあります。ありますけれども、あの戦争のさなかの強力に統制された状況のなかで、阿弥陀如来と天皇とどっちを拝むのだという問題が突きつけられたり、『歎異抄』第一章に、「しかれば本願を信ぜんには、他の善も要にあらず、念仏にまさるべき善なきがゆえに、悪をも恐るべからす、弥陀の本願をさまたぐるほどの悪なきがゆえに」と語られておりますが、この言葉についても、いわゆる道徳としての善よりも、念仏の方が高いというのは許されんという、軍部の非常に強い圧力がありまして、『歎異抄』第一章が読めなくなる、こういう事実もあったのですね。聖典を自由に読むことさえ、許されないような圧力があった。あるいは各宗派の合同が強制され、十三宗五十六派に分かれている仏教が、各宗ごとに合同しろと要求されもしました。また大谷大学の老教授などは、小さな反抗かも知れませんが、戦死者はいったい死んでからどこへ行くんだ、こういう質問を受けて、それは修羅道へおちる、戦争の殺し合いの場で死んだのだからと、こう答えて当時の配属将校から非常に問題にされ、戦死者は靖国神社に行くのだ、修羅道におちるとは何事だと、大変な問題になったこともあったそうです。

今問題になっている靖国神社についても、戦争前から、あれは宗教か非宗教かという質問が、両本願寺から政府に提出されておりますね。また、伊勢神宮の大麻が全国の各家庭に配られ、祀ることが勧奨されるようになったころ、真宗両派は、真宗の門徒は阿弥陀如来を拝むのだから、これは困る。大麻を配ることを止めて欲しいと、政府に申し入れをしております。

こういうような、大小いくつかのレジスタンスはあったのですが、大勢として戦争の波に没入していったのであります。そしてその結果、日本の伝統仏教としての真宗の伝統は、非常に大きな痛手、ほとんど潰滅といってよいほどの痛手を蒙ったのです。各地方のお寺を中心として行われていた、真宗独自のさまざまな宗教行事は、この戦争によってほとんど縮少したり、消滅してしまったものが多いのではないでしょうか。

のみならず、戦災によって焼失・破壊された寺が、全寺院の六％。六％というと少ないようですが、多くの寺は農村部にありますから、都市の寺院のほとんどは災害をうけた、ということでしょう。そして敗戦の廃墟のなかに残ったものは、「神も仏もあるものか」というはき捨てるような言葉であり、それが表わすような精神の荒廃だったのであります。これが、戦争によって既成教団が得た、唯一の成果でしょう。その精神的荒廃、すなわち宗教に対する一種の嘲笑的態度、あるいは無関心は、そのまま戦後を生き続けて現在に至っているといわねばならないのでしょう。

七　真人社の結成

敗戦は、われわれ日本民族を大きな荒廃と混乱のなかにたたき込みました。ところが、この大きな民族の遭遇した危機を、一つの転機としてとらえ、これを乗りこえて新しい本来の人間のあり方を明らかにしていこう。こういう激しい意欲をもった信仰運動が、この敗戦の混乱のなかから芽生え、展開していくのです。それが昭和二十二年に同志が集まられ、翌二十三年に宣言文を発表して公に歩み始めた「真人社」という結社でありました。

真人という名称は、最初、真宗人という言葉を会の名前にということだったそうですが、曾我先生の助言があって、真人となったということを聞いています。その真人社の結成に集まった人たちは、お名前をあげてみますと、岡山正・高原覚正・竹田淳照・滝沢静希・柘植闡英・仲野良俊・菊地祐恭・岸融証・日野賢憬・佐々木悠・竹内良恵・訓覇信雄・藤原正遠、こういう方々でした。これらの人びとを中心として真人社が結成され、『真人』という雑誌が発刊されます。

創刊号は、まさしく戦後を象徴するような薄黒いザラ紙ですが、この号に曾我先生が「この人を見よ」、暁烏先生が「一大事の後生」、松原先生が「真人を語る」という論文をお書きになっております。お分かりの通り、いわば曾我・暁烏両先生が巻頭論文を書かれたという形ですね。何か大変に象徴的です。それとともに注意しておきたいのは、この真人社の結成に参加なさった方々の多くは、あの高光大船さん、暁烏先生の後輩で、奔放不羈《ほんぽうふき》な非常に激しい情熱をいだいた仏者であられた高光先生の、あの信仰的情熱に激発されて仏法に触れた人たちだった、ということです。その高光先生によって信仰的情熱を呼び覚まされ、そして曾我先生によって真宗教学を思想的基礎として踏まえた信仰運動、あるいはむしろ教学運動として、初期真人社は発足したのでした。ところが、この真人社結成にはせ参じた人びとのなかには、青年時代に興法学園などに因縁をもち、マルクシズムの洗礼を受けて悪戦苦闘していた方々も、おられましたね。

この真人社は発足とともに、非常に不幸な誤解をうけました。「赤」、つまり教団の共産主義であると。このような不幸な誤解があり、真人社のイメージと結びついて、今でも消えずに残っているようであります。特殊な偏向した真宗理解をもち、教団体制の破壊をめざす人びとの徒党である、こういう見解ですね。私はこの考え方には、うなずくことはできません。現に『真人』の文章を読んでみれば、本当に訴えるもの、われわれが失いそうな情熱を支えてくれるものが、そこに一貫して溢れ、流れているのを知るでしょう。たとえば創刊号の「宣言」には、こう書いてあります。

「今や新しい日本が誕生しようとしている。思想の混迷がその誕生を頑強に拒もうとしている。新しい思想の確立が、日本と世界を憂慮する人々から希望されている。その焦点に、一切に先向するものとして、一切の根底たるべきものとして、宗教の真実性が、厳粛に要請されているのである。

この歴史的要請に応えうるものは、今日に於て、まさしく親鸞によって開顕された真宗仏教であることを確信する。われわれはこの混乱の現実にあって、本願を自己に行信し、その世界性と社会性とを再確認することによって、あたらしい日本の誕生に、あやまりなき一道を開拓しなければならない。

真宗仏教の本姿を見失い、因習と堕気の中に安慰な逃避を求める限り、かかる課題を解きうるものでないことはいうまでもなく、民衆の同朋教団たる真生命を歪曲する形骸の衣をいさぎよくぬぎすてぬ限り、自滅の道を辿ることは歴史の必然である。われわれはいまこそ痛烈な自己批判に立って、真実の行信を自他に開顕すべく、ひたすらに奮起することが刻下の急務である。

ここに真人社を設立して、ひろく同朋同行のよしみを結び、今日に生きるわれわれの使命を悔いなく果したいと志願してやまない。」（『真人』第一号）

これは竹田淳照氏が書かれた文章でありますが、この宣言をみても分かる通り、真人社の結成当時に集まった人びとは、教団を建て直すとか、真宗を再興するとかという意図をもってではなかったのですね。そうではなくて、民族と人間の危機を救うものは何か。それは親鸞聖人が開顕した真宗仏教をおいて、他にはないではないか。こういう確信と願いとをもって立ち上がった結社だったのです。このことは、非常に大切なことでしょう。教団を建て直すというのでなく、人間の危機を超えさせるものこそ、真宗仏教だという叫びですね。そういうものこそ、信仰運動＝教学運動ではありますまいか。そして、この確信を生み出しかつ支えたものこそ、高光先生あるいは曾我先生によって伝承せられた、浩々洞の伝承に外ならなかったのであります。

今この宣言を読みながら反省するのですが、同朋会運動を考えていくときに、この運動は歎異の精神の発露でありますから、そこにはわれわれの教団が、親鸞聖人が「親鸞は弟子一人ももたず」とおっしゃった同朋・同行の和合、念仏の共同体としての真宗教団の生命を取り戻したいという願いをもちました。そのことはそれとして純潔な、意味深い願いでありましょうけれども、しかし改めてよく考えてみれば、親鸞聖人の願いは同朋教団をつくるという形をとりましたけれども、もっと深いところに、人間が本当に人間であることのできる道を、本願の念仏に見出しておられた人ですね。このことに、私は十分自覚的でなかったかも知れません。

教団や真宗のために真宗があるのではなくして、人間が本当に自分の命の尊さに目覚め、流転を克服する道を確立するために、本願の念仏はあるのでしょう。大袈裟にいえば、十方の衆生に捧げられたところの、群萌がひとしく無上涅槃に帰る道として、この本願念仏はあるのだという、あの真宗の教えが本来もっているスケールの大きさといいましょうか、あるいは根源的な願いといいましょうか、そういうものの開顕を志願として、『真人』はその歩みを開始したのであったのです。私は『真人』を改めて読み直して、ああそうだったのだなあ、ずいぶん長い間このことを忘れていたなあということを感ずるのです。

しかしその際、こういう人間と民族との危機を救う道として浄土真宗を改めて学び、かつこれを明らかにする、こういう願いをもったこの教学運動が、安田理深先生の教学的指導をもったということによって、教団という問題が大きく問われてくることとなります。

信仰は、もちろん一人ひとりが獲得していくものでしょう。一緒に信仰する、そんなことではありますまい。如来を信ずるのは、あくまで一人ひとりの主体性、内面の事柄です。しかしまさにその如来を信ずること、言葉を換えれば願生浄土を生きるものであることによって、その人は初めて大悲を知り、大悲に生かされるものであることを自覚することができるのであります。もし大悲を自己の根拠としてもたなかったなら、結局人間は孤独でしょう。孤独の運命を担って生きなくてはならない人間が、その根拠として大悲をいただくことによって、「四海の内皆兄弟とする」という、一つの命をともに生きることができる身になっていく。それが浄土の風光だ。このような浄土を踏まえて、教団という問題がもっと自覚的な僧伽として尋ねられ、いわゆる本願寺教団という形で問題にする視点をこえて、もっと内面的な仏法による人間の和合という形で問われるまでに、深められていったのでした。

教団を僧伽として問う、これはひとえに安田先生のご努力でもあり、お仕事でもありましたが、それによって真人社が取り組んだ教学運動が、本願の共同体としての僧伽を自覚的立脚地とし、僧伽をいただき僧伽に召され、僧伽の一員として仏法を担っていこうとする、こういう意味で教団を教学の根本問題の一つとして問い、明らかにするという大切な仕事を果たしていったと了解できると思います。ですから信仰といっても、私個人という場ではなく、むしろ仏法の共同体である僧伽においてあるような人間を成就するという、そういう意味で本願の信の積極的な意味が掘り起こされていったのであります。

この努力の恩恵が、現在の私たちにきているのでしょう。親鸞聖人の浄土真宗が、僧伽すなわち本願念仏の共同体をその精神としてもつことが尋ね当てられ、このことによって真人社という形で始まった教学運動は、民衆の同朋教団でありたい、あるべきだ、という願いを展開させることとなります。

いうまでもありますまいが、本願寺という既成教団の枠のなかで、真宗ないし親鸞を問うのではなくて、もっと広い、民族・人間・人類というような場で、浄土真宗の積極的意味をとらえていこうとする運動になっていくようなものを、はらんでいたのであります。かつて興法学園の教学的努力を生んだ逆縁が、異安心という烙印であったように、真人社運動も、教団内の「赤」という非常な誤解のなかに投げ出されましたが、それが取り組んだ問題は積極的なものでありました。今、適切な言葉がみつかりませんが、人類とか人間そのものという場で、浄土真宗を学びかつとらえていく。そしてそういう場で、本願の共同体の現前を願っていく。それはある視点からすれば、直ちに伝統的な本願寺教団への批判となるでしょう。批判といっても、教団の自己批判ですね。単に既成教団はダメだというのではありますまい。われわれの真宗人としてのあり方を、根本から問い直さなければならない。こういう努力を展開させていきました。これが、歴史的視点に立ってみたとき、明治中期の浩々洞の信仰運動に始まった努力がたどりついた、一つの形であると、私は了解するのです。野に立つ、気概に満ちた、浄土真宗の教学運動です。これは、あるいは、浩々洞の教学運動がこういう形で復活したといっては、いい過ぎでしょうか。

八　暁烏内局の成立と同朋会運動の胎動

さて真人社の発足は昭和二十三年でしたが、翌二十四年には、大谷派は蓮如上人四百五十回忌のご遠忌を勤めました。ところが、歴史というものは面白いものでして、このご遠忌が敗戦後の混乱期に行われたという事情もあり、当時の金額で三千万か四千万の赤字を出したのですね。何といっても、神も仏もあるものかという荒廃のさなかでもありますし、当時の教団はこの借財が返済できない。かつて明治時代に、何十億という借財をかかえてしかもあれだけの教団運営をやったのと較べると、昔日の感がありますね。宗務総長が何度も交替しておられますが、なかなかラチがあかない。そういう教団事情のなかに、暁烏敏先生が宗務総長にかつぎ出されたのです。ここらが面白いところです。暁烏先生のもっておられた人望というか、声望といいますか、信頼といいますか、それに期待してこの困難な事態、まあ赤字ですが、それを乗り切ろうとしたのでしょう。

ところが出てこられた暁烏先生は、長い間宗門から何か異端視され、生涯野にあって念仏者として生きてこられた方でありますけれども、最後に至って、何か宗門へのご恩返しというようなお気持もあったのではないでしょうか。わずか一年間でありましたけれども、期せずして念仏総長・念仏内局という名がついたことが示すように、外のことは何もせん、私はただ念仏するんだ、こういう単純明快な姿勢を基本的信念として、総長の仕事を引き受け、果たしていかれたようであります。

たとえば、ご法主が晨朝勤行にお出にならないという不満の声が出る。そうすると暁烏総長はご法主のところへいって、どうぞおあさじにお出ましくださいとお願いになり、ときにはご法主がお出ましになるまで待っておられた。あるいは、朝七時の晨朝にお出ましになるのがお辛いのであれば、晨朝勤行を延ばしますからといって、どうぞ住職としてのお勤めを果たしてくださいと、誠意をもってお願いをしておられたと聞いております。こういう、私心をこえた念仏者として、盲目の身でありながら誠実に責任を果たしていかれた暁烏先生のお力によって、四千万円の借金は返済されていったのですね。

この暁烏内局のときに、同朋生活運動というものが提唱され、本廟の清掃がわずかの人数でしかも粗末な宿舎に寝泊りをし、ときには自炊までするというような形で、ぼつぼつ始まってまいりました。それがやがて暁烏内局の後、末広内局を経て、宮谷内局に替ったとき、親鸞聖人七百回忌ご遠忌のお待受けの仕事が推進されることとなるのですが、その宮谷内局は、最初にちょっと申しました「宗門白書」を発表し、清沢先生のお仕事を高く評価いたしました。そして、これによって、宗門がこれから進んでいこうという基本的方向を示したのです。

やがて昭和三十六年、親鸞聖人のご遠忌のさなかに行われた同朋壮年大会、このときに宮谷総長は参加者に対して、何よりもまず寺の総代さんたちが、正しい信心に生きていただきたいということを訴えられ、それが大きな反響を呼び、呼応を呼んだのであります。この訴えがやがて宮谷内局の後に訓覇内局が成立したとき、その内局の施策として同朋会運動という形をとって、大きく進展することとなったのであります。

九　同朋会運動の展開

この宮谷内局あるいは訓覇内局のときに、真人社の中心であった幾人かの方々が、本山の宗務所に入っていかれた。これによって大谷派は、非常に面白いことになった。面白いといっては不謹慎ですが、非常に大きなというか、重いというか、面倒なというか、とにかくある歴史的な課題を背負うこととなったのです。

教団の中心にはいわゆる本願寺教団と呼ぶにふさわしい、本山本願寺中心の体制があります。その教団のある意味で周辺部というか、外廓のような部分で、かつて浩々洞が精神主義をとなえ、仏教復興という歴史的事業を担っていた。それがこれまで尋ねたような形で、新しい教学の伝統として伝承されるのですけれども、いつでも教団の伝統体制と鋭い緊張関係にありまして、いろんな機会に、異安心だ、異端派だとして誤解され非難をされることの多かった、少数派でありました。けれども、もっと大きな視点に立てば、全体として伝統教団を浄化していくはたらきをもったのであり、時代の新しい親鸞理解に呼応しながら、親鸞聖人の宗教心の積極的意味を掘り起こし、そして真宗教団が本来の浄土真宗の教団に帰らなければならないという要請を、一貫してもち続けていたのであります。そういう伝統をうけ継ぐ真人社が、この時期に教団の本拠といいましょうか、教団運営の中枢である宗務所に入っていったのです。そしてやがて同朋会運動が、この内局の基本施策として、本山の名で提起され推進されていくこととなったのであります。

これでだいたいお分かりいただけると思います。前に歎異としての同朋会運動ということを申しました。そのように同朋会運動は、一面には教団のまじめな自己反省、もっと強くいえば自己批判、そういうものをもっております。自分自身の、そして教団の信仰のゆがみ、誤りといったものを悲しみのなかに批判し、批判を通して親鸞聖人の正しい信心に帰ろうという祈りをもっています。そして『歎異抄』が強く浮き彫りにしている同朋教団を回復しようとする志向が、強く動いているでしょう。そういうものが宗門の宗務所に入ってき、本山の名のもとに大規模な運動を、正しい信心の回復という願いをうち出しながら推進し始めたのです。

当然のことのように、この同朋会運動は幅広く、そして強い批判と反対とを呼び起こしました。趣旨は分かるが、あのやり方でよいのかと。愛山護法、法義相続、本廟護持の伝統を否定するのかと。誰かの批判・反対というよりも、本願寺教団の伝統的体質そのものから出る、本能的な批判でしょう。だから事態はかなり面倒ですね。本願寺派のある住職の方は、同朋会運動は宗門の自殺行為だ、こう批判されたそうです。いきなり跳ぶようですが、あの開申以来この大谷派教団を覆った混乱は、由来するところこの辺りの事情にあると、私は理解します。この前大寝殿で催された、あの宗門崩壊阻止全国大会で、嶺藤総長が、今回のこの混乱の由って来たった原因は、同朋会運動にあると語られたのは、正当なご洞察であります。混乱は誠に残念ですけれども、われわれは歴史に信頼して、同朋教団回復の願いに立ちながら、混乱に堪える外はありますまい。それがわれわれにできる、誠実さというものではないでしょうか。

同朋会運動の提起とともに顕在化し始め、開申によって一挙に露呈された、さまざまの矛盾と混乱があります。それがあまりにも痛ましく、かつ切実でありますために、いわゆる教団問題が火のついたような形で、われわれに迫ってきております。だが、これから同朋会運動のたて直し、再発足という時点に立った今、私はあの『真人』の発足の願いを改めて思うのです。あそこには、民族の危機を克服するものこそ、親鸞によって開顕された真宗仏教だという、強い叫びがありました。それをうけた初期の同朋会運動にも、たとえば人類に捧げられた教団というような、大風呂敷を拡げたともいえるような広大な気宇に立った願いが吐露されていました。

考えてみると、今はこんな言葉はいつか消えていますね。初期同朋会運動は、教団の体質改善とか、真宗をよくするとか、単にそういう自己目的的な願いだけではなかったのですね。そうではなくて、人類のオアシスになろう、こういう壮大な志願をもっていたのではないでしょうか。この荒廃した現代社会のなかに、本当に人間が命の豊かさを取り戻すことのできる場所、その意味で現代の砂漠のなかのオアシスになっていこう、これが初期同朋会運動の願いであったに違いないのです。これが単なる大言壮語か、教団の身のほども知らぬ白昼夢か、厳しい問いですね。しかし私は、『真人』の宣言を読んで、危機の人間に捧げられた教団という言葉が表わす情熱を、一種の感動とともに思い起こさずにはおられません。

十　親鸞聖人の真精神の開顕と教団の真の伝統

最初に、明治の中期に清沢満之先生が『歎異抄』を読み、親鸞聖人を再び歴史の表面に掘り起こしていかれました。そのころ、木下尚江というような、まったく宗門の外にあるような方がまた、期せずして、人間の解放者、宗教の改革者としての親鸞聖人、いわば非常にすぐれた思想家として、親鸞聖人を尋ね当てていた、と申しました。それを出発点として、先ほど来くり返し申した倉田百三氏の『出家とその弟子』が代表するような、あるいは吉川英治氏の親鸞が表わすような、人間親鸞というものが、教団の外で、しかも国民的規模で、鮮やかに浮き彫りされてくることとなります。

さらにそれが深化し、展開して、戦中の三木清氏の『親鸞』が表わす本格的な思想的親鸞研究、そして戦後の服部之総氏の『親鸞ノート』に到達するのですね。これによって社会科学的な視点から、中世の日本社会の底辺に生きる民衆のただなかに身を置いた、人間の解放者としての親鸞、こういう新しい親鸞像が確立するのであります。その周辺には亀井勝一郎氏の独自の、しかも非常に啓発的な親鸞理解、あるいは最近では野間宏氏の『親鸞』に至るまで、非常に多くの親鸞理解が提出されてきています。のみならず、戦後の歴史学の領域での親鸞研究の、非常に創造的な仕事など、現代の日本人の親鸞理解は、いよいよ深く、そして広くなってきているようです。ある意味では、教団内の親鸞理解を凌駕《りょうが》してきたのかも知れません。実際私などは、こういう教団外の方々が尋ね当てた親鸞聖人は、非常に魅力を感じますし、そういう親鸞論はよく分かるのです。

しかしながら、そこに問題がないわけではない。何かが欠けている。確かに人間親鸞というものは、よく把握しておられる。しかし、ただ一つ、仏者親鸞、この言葉が表わすある重いもの、ある厳しいもの、それがどこまで自覚的に探り当てられたか、実はこれこそが本当は問題なのでしょう。この点については、何といっても教団の伝統が大切なものを保持しているのではないでしょうか。仏教者親鸞、その像をわれわれは今、現代の代表的知性人が探究した親鸞像を媒介にしながら、その仏教者親鸞の信仰と思想の積極的独自性を、正確に学びとり、開顕していかなくてはならないのでしょう。それが教団に属するわれわれの、大きな責任であります。そして、この核心である仏者親鸞を仰いできた教団の歴史のもつ積極的意義を、改めて確認しなければならないのです。その意味でも、私はあくまでも教団なるものを固執したい。

もちろんいうまでもありませんが、今くり返し教団と申しましたが、そのまさしく教団といわれる事実はどこにあるのか。われわれはすでに清沢以後、真人社以後にいるのですから、それを本山だと理解したり、いわゆる教団組織と理解する立場は、もう自覚的に超えるべきでしょう。教団といわれる事実とは、地方地方の生活の場で、念仏を求め親鸞聖人の教えを求めて生きている人びと、それ以外にはありませんし、その人びとがまた、本当に親鸞聖人の命を伝承してきたのであります。

宗門のもつ問題性の一つは、そういう黙々と念仏を生きてきた人びとを、あえていえば抑圧し搾取さえしてきた、こういう誤りを犯した事実にあるのではないでしょうか。それで、必ずしも明確に自分の信心を表現する言葉はもたないかも知れないが、具体的な生活者として、何か親鸞聖人の本願念仏の教えによって生きてこられた人びと、これを宗祖の信心の命を伝承してこられた大地として尊敬し、信頼すること以外に、私たちが教団を確認する場はありません。少なくとも教団というとき、これは絶対に踏みはずしてはならない、根底的な立場であります。この大地に立って、この教団の大地ともいうべき人びとが、自覚的に念仏者として目覚め、かつ立ち上がっていくことを祈念する教学運動、それが同朋会運動といわれるべきものではないでしょうか。

とすると、今改めて蓮如上人の果たしとげられたお仕事というものが、同朋会運動がどうしても学ばなければならないものとして、視野のなかに入ってくることとなります。もちろん現在最も大切でかつ差し迫っている課題は、親鸞聖人の浄土真宗の積極的真理内容を、正確に学び自覚し顕揚するという仕事以外にはありません。それが真宗教学の第一の仕事です。それを踏まえて、同朋会運動は、蓮如上人のお仕事の本質的部分を、十分に学ばなければならないはずです。蓮如上人は教団という問題を担って、本当に苦労なさった方ですし、その苦労を通してしかも、親鸞聖人が群生《ぐんじょう》とおっしゃった本願の機を、戦国乱世の混乱のなかで「末代無智の在家止住の輩」にしっかりと見すえ、「俺は門徒にもたれたり」とその人びとをどこまでも信頼し同朋として交わろうとしながら、その末代無智のわれらが平等にたすかる道、信を得れば互いに兄弟よと和合できる道を、念仏の信心に仰いでいかれた方でしょう。

その蓮如上人を自覚的にどううけ継いでいくかですね。もちろん、親鸞聖人の立場から蓮如上人を、という方向でです。蓮如上人の伝統に立って真宗を、ではなく、端的に親鸞聖人の独自性を尋ね、学び、そこに立って蓮如上人を、という方向です。同朋会運動の啓蒙期は一応終ったのですから、これからは本当の問題が厳しい批判とし、運動の壁として出てくることでしょう。改めて、一人一人の覚悟が新たにされねばならないことが思われます。

以上、大変に駆け足で、明治の清沢満之先生から、戦後の同朋会運動に至るまでの大谷派の歩みを、留意すべきいくつかの出来事をたどりながら、尋ねてきました。というよりも、ほんの大まかなスケッチを行ったというほうが、実感です。一々の出来事をもっと正確に、もっと細かく尋ねることが、これからの仕事でしょう。もっと幅広い眼で、事実を尋ねなければならぬでしょう。今は準備が十分にできず、まことに主観的な思いを申し述べたということで、お許しいただきたく存じます。

ただ、現代史を尋ねて今さらのように気づいたことが、いくつかあります。思いつくままにあげて、結びにいたします。

第一は、教団の現代史は、完全に教学史だということです。近代史では、教団の再編成という課題があったため、いわゆる教団史が大きな重さをもっていましたが、現代史は教団の体制作りの終った以後の歩みでもあり、むしろ真宗が現代固有のさまざまな問いに触れながら、いかにそれと取り組み、答え、あるいは答えられなかったか、こういう教学の歩みが、現代における真宗の展開の内容そのものとして、非常に大切な意味をもってきているということです。

第二は、この教学の展開と関連して、現代の真宗に対して投げかけられてきた大きな問いは、社会とか国家という問題であることに気づきます。社会倫理や社会的正義の主張に対して、真宗はどのような原理をもち、またどのような姿勢をとろうとするのか。あるいは強大な強制力をもって、個人の私生活にまで干渉してくる国家権力の統制力に対して、真宗はいったいどのような姿勢をとることが求められ、また可能であるのか。こういう社会という問題が、教学の切実な課題として浮き彫りになってきたという事実です。

第三に、浩々洞の精神主義の伝統に連なるいくつかの系譜がありますが、そのなかで真人社の運動は、最初教学運動として出発したのでありますが、やがて一面で教団という課題を自覚的に担う方向をとり、直道会という会派を結成して宗政の場に出ていきました。したがって、同朋会運動は直道会あるいはその内局の施策という形をとってくることとなりました。それをめぐって、真人社は教学運動といいながら、実際はそれを忘れて政治運動に走っていったではないかと批判されています。その批判の当否は別として、そこに教学＝信仰と政治という問題が露わになってきております。このことが、教学運動としての真人社の必然的展開なのか、権力へ志向した退落なのか、その辺の検討もほとんどなされておりません。

いずれにしても、真宗が容易ならぬ状況に立ち至っていることは、間違いありません。この困難な事態のなかで、われわれはどのように歩いていくべきか。これまで真宗を担ってこられた先輩方のご苦労を尋ねながら、私は歴史から確かな教訓をえたいと祈念するものであります。

➤参考図書

1 赤松俊秀他編 『真宗史概説』 平楽寺書店
2 石田充之他 『シンポジウム 親鸞――その人と思想』 講談社
3 上原専禄他 『本願寺教団』 学芸書林
4 柏原祐泉 『日本近世近代仏教史の研究』 平楽寺書店
5 教化研究所編 『清沢満之の研究』 教化研究所
6 真宗同和問題研究所 『人間解放と真宗教団の課題』 御同朋社
7 圭室諦成監修 『日本仏教史 Ⅲ 近世近代篇』 法藏館
8 寺川俊昭 『清沢満之論』 文栄堂
9 日本宗教史研究会編 『日本宗教史研究・組織と伝道』 法藏館
10 西村見暁 『清沢満之先生』 法藏館
11 福島和人 『近代日本の親鸞』 法藏館
12 法藏館編 『講座・近代仏教 6 今日の課題』 法藏館
13 丸山照雄 『教団とは何か』 伝統と現代社
14 『明治宗教文学集㈠』 (明治文学全集 87) 筑摩書房
15 吉田久一 『清沢満之』 吉川弘文館
16 吉田久一 『日本近代仏教史研究』 吉川弘文館
17 吉田久一編 『仏教』 (現代日本思想大系 7) 筑摩書房

あとがき

東京真宗同朋の会会長　山田春吉

去る一月名古屋東別院において、寺川俊昭先生に「近代教学史・近代教団史」を、われわれ三都市同朋交流研修会で講義していただいた。その講義がこのたび出版され、多くの同朋同行に読んでいただくことになり、誠にうれしく有難いことであります。

寺川先生は大谷大学に教鞭をとっておられる方ですが、師の深い求道学究のなかで、わが教団を憂い、宗門を愛するが故の鞭は当日六時間余に及ぶ、誠に驚異的な出来事となって師の信念が表明されたと信じます。その間、講師・受講者が共に、わが教団の歴史のなかに没頭し、時の過ぐるを感ぜざる状態にあったことを、深い感動とともに脳裏に刻まれたことでした。われらの人生においてまさに得がたきは、仏法に遇うという一事でありましょう。就中よき師よき友に遇うことの難きを思うとき（自己に責任があるのだが）名古屋・大阪の御同朋の格別のご尽力によって、この尊い場を設けてくださったことに対しても、ここに深甚の敬意と感謝の意を表したい。われわれ同朋会運動の第一線でお手伝いをさせていただくものとして、常々自己の研讃を心せねばと考えます。

寺川先生が講義の結びに、宗門大学における人物養成の目的を引用され、すなわち「我々が信奉する本願他力の宗義に基づきまして、我々において最大事件なる自己の信念の確立の上に、その信仰を他に伝える、すなわち自信教人信の誠を尽くすべき人物を養成する」という言葉です。同朋会運動のすべてはこの一文に集約されているといえます。

本年は時あたかも宗祖親鸞聖人ご誕生八百年・立教開宗七百五十年に相当し、慶讃法要も盛大に厳修されましたが、真の慶讃の意義は一人一人がいよいよ以て自己が支えられている一点を凝視し、共に縁を得た人びとの上に法灯が点ぜられんことを念じて参りたいものです。

大阪教区推進員仏地の会　福井一夫

近代教学史、近代教団史は、去る一月二十七日名古屋で開かれた三都市同朋交流研修会における寺川俊昭先生の講話をまとめられたものである。この日は午後三時に講義がはじまり夜十時に終るながい時間であったが、それほどながく感じられなかったのは、近代の仏教者、教団史をつぶさに聞くにおよんで、これまで知らなかった多くの因縁を知らされたためである。

このなかでいわれているように、明治維新以後、東洋文化と西欧文化の出あいにあって仏教の危機を感じ、真宗こそ人類の真理であることを問い直した人が清沢満之であり、それを受け継いだのが曽我、金子という人たちであった。それは遠くさかのぼれば仏教の歴史でもあり、法然も親鸞も、そして唯円も、教団の混乱、まちがった信仰に対する歎異、危機感をとおして宗教本来の意義にあわれたことを思えば危機感は健康な証拠であろう。大谷派の伝統はそのような歎異の伝統ではなかったか。そして歎異、懺悔の運動が同朋会運動ではなかったか。

思えばこれまで同朋会運動の推進を、僧籍にある人のみの責任として、われら門徒が真剣に取組む姿勢の欠如していたことは、如何に教団人としての自覚が稀薄であったかを物語るものであろう。寺に対する期待は教団人の責任にほかならない。本山及び末寺に対する要望が、教団人としての責任となるとき、その要望は生きた要望となる。このことは自明のことながら自覚となり難いことであった。されば教団人としての自覚は門信徒即伝道者でなければならない。

この法は一人でも多くの人に伝えたいのである。しかし自分の近くに人が多くおっても、また是非聞いてもらいたい人がいても、あるいは親しき人に出会っても、聞法をすすめ、仏教の話のできる相手もあれば、それがもどかしく、でき難い相手もある。そのような話を聞いてもらえない人にそのような話をすればするほど、その人は自分から遠ざかってゆくような気がする。たしかにそのときは、その人に仏法を聞かせる立場に自分が立っているときのようである。自然にその人の話を聞く立場に立っているときこそ、その人から仏法が聞けるときであり、その人にも仏法が通じはじめているときのようだ。そのときこそ聞法に足を運んでもらいたいとねがわずにはおれない。迷妄を破り真実に帰依する教えは、聞けば聞くほどすべての人に聞いてもらいたいという願いが動く。この願いがこのたび一冊の本となって出されたことは有難いことであった。多くの人に読まれるよう念じる。

最後に、ご苦労くだされた寺川先生ならびに名古屋、東京の方々と講義を記録整理して製本してくだされた方々に対し深甚の謝意を表したい。

（昭和四十八年六月二十七日）

真宗大谷派東京教区同朋会駐在　長川一雄

昭和四十九年五月四・五日に開かれた推進員全国集会での寺川俊昭先生の講義が、発刊されることは有難いことと思います。清沢先生によって明らかにされた歎異抄の精神が、思想の広い範囲に亘って今日大きな影響を与えております。同朋会運動は歎異精神によって貫かれ、日本の国家体制も敗戦を経て、世界の歩みの中に解放され、宗門も大正、昭和の三十年間の活動を反省する時機をむかえました。

　念仏の僧伽は人類に捧げる教団であるという確認のもとに、真人社を経て今日の同朋会運動として進められています。しかし日本人の意識の底に流れている原始宗教的なものは余りにも根深く、現代文明を粧いながら、生活の実態は迷信と合理主義が雑居して少しも怪しむことがない。「親鸞一人がためなり」と真の独立者としての人間の自覚に立って、相互の信頼感から御同朋としてのつながりがはじめて結ばれる。そのことを世界の人びとは求めていながら、親鸞の教えにふれる場があたえられず、空しく時は流れ、恐るべき人類の危機を今日はらんでいる。

　かつて曾我先生は浄土真宗とはいったいなんであるか、人である、自分自身である。目鼻のついているという単なる人でない。南無阿弥陀仏と真に深い人間の自覚を目覚めしめるものが浄土真宗であり、この「人」たらしめられた人を離れて浄土真宗はありませんと仰せられています。大谷派が同朋会運動を進めてゆく上に、いろいろと具体的な難問題に当面しておりますが、内に深く信心をたくわえてこれらを超えてゆかねばならない。曖昧なまま通りすごすことを許されない時代になっております。この時、この書が宗派をこえて、多くの人びとに捧げられたことを心から感謝する一人であります。

京都教区同朋会推進員　石黒茂信

同朋会運動によって、新しい真宗門徒が次々と生れ育ってゆきました。そこにはいろいろと試行錯誤がくり返され、あるいは挫折し、停頓し、再出発をしています。しかし、同朋会運動は念仏の僧伽を求めての運動である以上、それは遙かに親鸞聖人以来のものであり、その流れは脈々として伝承されています。

その時に当たって、従来ややもすると、聞法に名を借りて、「己れ一人の信心の確立」という言葉を楯にして、立てこもり、柔軟性と行動性を失い、いつしか「己れ一人をよし」とするまったく自己中心の教養あるいは同好の会に埋没し、転落して行った面はなかったでしょうか。信仰の場に立つ以上、教法の学習は、当然のこととして、と同時に法友の共生活動は不可欠のことで、それこそ自分を生み出し育ててくれた教団への報恩行でありましょう。

教団（僧伽）は生きたものでなくてはならないし、そこにはいろいろと生々しいドロドロとした現実があります。しかしその上に立たなくては何事も上べだけの奇麗事に終ってしまい「同朋教団ここにあり」という実感は決して湧いて来ない。

われわれは余りにも教学と教団の歩みを知らなさ過ぎます。しかもあつかましくもその上にドッカリとあぐらをかいてお客さん面をしている図々しさを反省してみたことがあったであろうか。教団のアカ（垢）は、正に己れ自らであります。同朋会運動は真宗大谷派の良心であり、サンゲの発露だといわれています。少なくとも明治初年以来、現在に至るまでのわれわれの先人、先徳が血みどろの悪戦苦闘の中に明らかにされ相承された教学に学び、歎異の精神を以て護り通し築き上げられた教団に、あらためて目を開き、誇りと責任を以て各地に自主的活動を展開して行かねばなりません。

何でもかんでも有難がっているばかりで、責任感と実行力に欠けることはなかったか。胸を張って「私は真宗門徒であります」といい得ない点に、何か後ろめたいものがあるのではないか。この自らの問いを常に忘れてはならないと思います。教団からわれわれにかけられた大いなる願いの自覚が、推進員の自主的研修を通して、この本が生み出された所以であります。本来は寺川先生の講義の受講者である同朋会推進員、及び未聴講の同朋会員のためにと思って出された本が、意外にも、僧侶の方々、及び他宗派の人たちにさえ数多く読まれたことは、期せずして「僧俗一体、宗派を超えて」というわれわれの願いが具体的に現われたこととして望外の喜びでありました。この本がわれわれの日頃の聞法活動に一大痛棒となることを念じてやみません。

（昭和四十九年十一月）

新装版へのあとがき

旧版の「はしがき」にしるしたように、この本は、真宗大谷派が展開する真宗同朋会運動の中で、大きな期待を託された推進員の方がたが、明治維新以後の大谷派の歩みを学びたいという願いをもって、自主的に開かれた研修会での講話の記録です。

当時大谷派では、宗門の現状への悲歎に促されて、真宗の本来性を回復したいという熱い願いをもって、真宗同朋会運動が提案され展開の緒についたところでした。その動きの中でしかしながら、昭和四十五年に突如として当時の管長が、「宗門の管理職を新門に譲る」と内局に指示されたいわゆる「開申」が発表され、これに端を発して大谷派は大きな混乱に陥っておりました。その経緯は『祖師に背いた教団』（田原由紀雄著・白馬社刊）に、詳しく描かれております。この状況に深い危機を感じられた推進員の有志の皆さんが、大谷派になぜ同朋会運動が提起されたのか、なぜ「開申事件」という混乱が起きるのか、このことを虚心に学んで、自分たちの立っている位置と、期待されている使命と、進むべき方向とを自覚的に承知したい。こう願って、この研修会が開かれたのでした。当然講話の内容は、「大谷派近代の教団と教学の歩みを学ぶ」になってまいりました。

この本が刊行された翌年の昭和五十二年、同朋会運動発足十五周年の集会の折、作家高史明氏は深い祈りをこめて、「念仏よ興《おこ》れ」と訴えてくださいました。さらに宗門は昭和五十六年、それまでの「法主管長制」を基本とする宗門体制を改めて「門首制」を実現した、画期的な「新宗憲」を制定、公布しました。真宗の本来性を回復しようとするこれらの努力の源に、現代の大谷派が改めて『歎異抄』から学んだ「歎異の精神」が、大きく動いております。

近代の真宗大谷派の動きを見るとき、その歩みの転回点となったものが、清沢満之先生の求道であり、信念であり、また思想であったことを、私たちは瞠目の思いをもって承知します。その清沢先生が求道の要求に促されて、信念確立の決定的な糧として『歎異抄』を選び取ったのですが、このことによって、江戸時代に定型化した聖人像を破って、親鸞聖人の仏者としての本当の像を尋ね当てようとする、新しい親鸞聖人の探求が先駆的に始まったのであります。

清沢先生の求道に感化を得て、改めて形をとってきた親鸞聖人の探求は、幸い多くの先輩たちによって継承され展開して、一つの系譜を形成していきました。大谷派の「近代真宗教学」がそれでありますが、その聖人理解は現代の精神の闇を破る光という創造的な知見として、真宗大谷派が世に捧げる精神財であると、私は了解しております。

この講話が行われて、すでに二十八年の歳月が過ぎ去りました。しかし真宗を取り巻く課題的状況の厳しさを思うとき、『歎異抄』と清沢満之先生の求道を軸にして大谷派近代の歴史を尋ねたこの講話は、なお一つの示唆の縁として意味をもつことをひそかに念じて、新装版を刊行することであります。

平成十三年五月二十一日

寺川俊昭

寺川俊昭（てらかわ　しゅんしょう）
1928年生まれ。東京大学文学部卒業。東京大学大学院修了。文学博士。大谷大学名誉教授。真宗大谷派西願寺住職。
著書に『歎異抄の思想的解明』『講話正信偈』『他力の救済』（法藏館）、『清沢満之論』『教行信証の思想』『親鸞と読む　大無量寿経』（文栄堂）、『親鸞の世界―教行信証―』（大谷大学）、『親鸞の信のダイナミックス―往還二種回向の仏道―』（草光舎）など多数。

念仏の僧伽を求めて
―近代における真宗大谷派の教団と教学の歩み―
一九七六年六月十五日　初版第一刷発行
二〇〇一年六月二十日　新装版第一刷発行
著者　寺川俊昭
発行者　西村七兵衛
発行所　株式会社 法藏館
京都市下京区正面通烏丸東入
郵便番号　六〇〇-八一五三
電話　〇七五(三四三)五六五六
振替　〇一〇七〇-三-二七四三
印刷・製本　日本写真印刷株式会社
乱丁・落丁本の場合はお取り替え致します
ISBN4-8318-8672-6 C0015